中国古代地理

徐静茹　编著

中国商业出版社

图书在版编目（CIP）数据

中国古代地理 / 徐静茹编著. -- 北京 ：中国商业出版社，2014. 12（2022. 1 重印）
ISBN 978-7-5044-8539-7

Ⅰ. ①中… Ⅱ. ①徐… Ⅲ. ①历史地理-研究-中国-古代 Ⅳ. ①K928. 6

中国版本图书馆 CIP 数据核字（2014）第 299282 号

责任编辑：常松

中国商业出版社出版发行
010-63180647 www. c-cbook. com
（100053 北京广安门内报国寺 1 号）
新华书店经销
三河市吉祥印务有限公司印刷
*
710 毫米×1000 毫米 16 开 12. 5 印张 200 千字
2014 年 12 月第 1 版 2022 年 1 月第 5 次印刷
定价：25. 00 元
* * * *
（如有印装质量问题可更换）

《中国传统民俗文化》编委会

序　言

中国是举世闻名的文明古国，在漫长的历史发展过程中，勤劳智慧的中国人创造了丰富多彩、绚丽多姿的文化。这些经过锤炼和沉淀的古代传统文化，凝聚着华夏各族人民的性格、精神和智慧，是中华民族相互认同的标志和纽带，在人类文化的百花园中摇曳生姿，展现着自己独特的风采，对人类文化的多样性发展做出了巨大贡献。中国传统民俗文化内容广博，风格独特，深深地吸引着世界人民的眼光。

正因如此，我们必须按照中央的要求，加强文化建设。2006 年 5 月，时任浙江省委书记的习近平同志就已提出："文化通过传承为社会进步发挥基础作用，文化会促进或制约经济乃至整个社会的发展。"又说，"文化的力量最终可以转化为物质的力量，文化的软实力最终可以转化为经济的硬实力。"（《浙江文化研究工程成果文库总序》）2013 年他去山东考察时，再次强调：中华民族伟大复兴，需要以中华文化发展繁荣为条件。

正因如此，我们应该对中华民族文化进行广阔、全面的检视。我们应该唤醒我们民族的集体记忆，复兴我们民族的伟大精神，发展和繁荣中华民族的优秀文化，为我们民族在强国之路上阔步前行创设先决条件。实现民族文化的复兴，必须传承中华文化的优秀传统。现代的中国人，特别是年轻人，对传统文化十分感兴趣，蕴含感情。但当下也有人对具体典籍、历史事实不甚了解。比如，中国是书法大国，谈起书法，有些人或许只知道些书法大家如王羲之、柳公权等的名字，知道《兰亭集序》

是千古书法珍品,仅此而已。

再如,我们都知道中国是闻名于世的瓷器大国,中国的瓷器令西方人叹为观止,中国也因此获得了“瓷器之国”(英语 china 的另一义即为瓷器)的美誉。然而关于瓷器的由来、形制的演变、纹饰的演化、烧制等瓷器文化的内涵,就知之甚少了。中国还是武术大国,然而国人的武术知识,或许更多来源于一部部精彩的武侠影视作品,对于真正的武术文化,我们也难以窥其堂奥。我国还是崇尚玉文化的国度,我们的祖先发现了这种“温润而有光泽的美石”,并赋予了这种冰冷的自然物鲜活的生命力和文化性格,如“君子当温润如玉”,女子应“冰清玉洁”“守身如玉”;“玉有五德”,即“仁”“义”“智”“勇”“洁”;等等。今天,熟悉这些玉文化内涵的国人也为数不多了。

也许正有鉴于此,有忧于此,近年来,已有不少有志之士开始了复兴中国传统文化的努力之路,读经热开始风靡海峡两岸,不少孩童以至成人开始重拾经典,在故纸旧书中品味古人的智慧,发现古文化历久弥新的魅力。电视讲坛里一拨又一拨对古文化的讲述,也吸引着数以万计的人,重新审视古文化的价值。现在放在读者面前的这套“中国传统民俗文化”丛书,也是这一努力的又一体现。我们现在确实应注重研究成果的学术价值和应用价值,充分发挥其认识世界、传承文化、创新理论、资政育人的重要作用。

中国的传统文化内容博大,体系庞杂,该如何下手,如何呈现?这套丛书处理得可谓系统性强,别具匠心。编者分别按物质文化、制度文化、精神文化等方面来分门别类地进行组织编写,例如,在物质文化的层面,就有纺织与印染、中国古代酒具、中国古代农具、中国古代青铜器、中国古代钱币、中国古代木雕、中国古代建筑、中国古代砖瓦、中国古代玉器、中国古代陶器、中国古代漆器、中国古代桥梁等;在精神文化的层面,就有中国古代书法、中国古代绘画、中国古代音乐、中国古代艺术、中国古代篆刻、中国古代家训、中国古代戏曲、中国古代版画等;在制度文化的层面，就有中国古代科举、中国古代官制、中国古代教育、中国古代军队、中国古代法律等。

此外，在历史的发展长河中，中国各行各业还涌现出一大批杰出人物，至今闪耀着夺目的光辉，以启迪后人，示范来者。对此，这套丛书也给予了应有的重视，中国古代名将、中国古代名相、中国古代名帝、中国古代文人、中国古代高僧等，就是这方面的体现。

生活在21世纪的我们，或许对古人的生活颇感兴趣，他们的吃穿住用如何，如何过节，如何安排婚丧嫁娶，如何交通出行，孩子如何玩耍等，这些饶有兴趣的内容，这套“中国传统民俗文化”丛书都有所涉猎。如中国古代婚姻、中国古代丧葬、中国古代节日、中国古代民俗、中国古代礼仪、中国古代饮食、中国古代交通、中国古代家具、中国古代玩具等，这些书籍介绍的都是人们颇感兴趣、平时却无从知晓的内容。

在经济生活的层面，这套丛书安排了中国古代农业、中国古代经济、中国古代贸易、中国古代水利、中国古代赋税等内容，足以勾勒出古代人经济生活的主要内容，让今人得以窥见自己祖先的经济生活情状。

在物质遗存方面，这套丛书则选择了中国古镇、中国古代楼阁、中国古代寺庙、中国古代陵墓、中国古塔、中国古代战场、中国古村落、中国古代宫殿、中国古代城墙等内容。相信读罢这些书，喜欢中国古代物质遗存的读者，已经能掌握这一领域的大多数知识了。

除了上述内容外，其实还有很多难以归类却饶有兴趣的内容，如中国古代乞丐这样的社会史内容，也许有助于我们深入了解这些古代社会底层民众的真实生活情状，走出武侠小说家加诸他们身上的虚幻的丐帮色彩，还原他们的本来面目，加深我们对历史真实性的了解。继承和发扬中华民族几千年创造的优秀文化和民族精神是我们责无旁贷的历史责任。

不难看出，单就内容所涵盖的范围广度来说，有物质遗产，有非物质遗产，还有国粹。这套丛书无疑当得起“中国传统文化的百科全书”的美誉。这套丛书还邀约大批相关的专家、教授参与并指导了稿件的编写工作。应当指出的是，这套丛书在写作过程中，既钩稽、爬梳大量古代文化文献典籍，又参照近人与今人的研究成果，将宏观把握与微观考察相结合。在论述、阐释中，既注意重点突出，又着重于论证层次清晰，从多角度、多层面对文化现象与发展加以考察。这套丛书的出版，有助于我们走进古人的世界，了解他们的生活，去回望我们来时的路。学史使人明智，历史的回眸，有助于我们汲取古人的智慧，借历史的明灯，照亮未来的路，为我们中华民族的伟大崛起添砖加瓦。

是为序。

傅璇琮

2014 年 2 月 8 日

前　言

我国的地理学史长达三千年之久，保存着无比丰富的历史遗产。西方的地理学超过中国，只是由于最近二三百年的进步。

古人在生存与发展的历史进程中，逐渐认识了自己生活的地理环境，积累大量的地理知识，不断扩大地理视野，形成地理概念，总结地理规律和探讨地理原理。本书的主要目的是探讨中国地理学的发生、发展的过程、阶段、特点及其规律性，弄清中国地理学发展的沿革与事件。中国历史上有哪些影响较大的地理著作，它们是如何出现的？中国历史上有哪些贡献卓著的地理学家，他们是如何从事地理活动的？ 等等，这些都是我们要研究的重点问题。

中国古代地理学在很长一段时间内都是居于世界领先地位的。我国的地理著述极为丰富，对地理事物的发生过程分析也相当深刻，但关于地球的数理知识研究却很不够。由于受中国儒教文化“天人合一”哲学思想的支配，中国古代地理学较重于对人生事物、自然事物的地理观察，对单纯的自然界和地球整体的运行法则很少考虑。

我国最早出现“地理”一词见于《周易·系辞》中，有“仰天以观天文，俯以察于地理”之句。其“地理”即指地球表面之意思。

秦汉以后我国较长时间形成了繁荣统一的大国，为地理学的发展创造了有利条件，地理知识丰富，地理典籍的数量和地理实践方面在世界上都居领先地位。我国地理实践的历史是悠久的，规模是宏大的。要说“发现”的话，中国人可以毫不夸赞地说，早在西方所谓“地理大发现”很久以前，是中国人首先发现了印度，发现了非洲，发现了后来才“发现”我们的欧洲人。但中国古代地理著述多描述性记载，缺少对地球表面整体规律的研究，这也是近代中国地理学落后的原因之一。我国古代经历了漫长的发展历程，积累了大量的文献与丰富的资料，为研究中国独立发展体系的地理学，奠定了坚实的基础。

中国古代很多地理学的知识，往往依附于地方志书中，依附于各种诗歌、行记以及天文、医药、宗教、玄学、哲学以及各种经世致用的著作中。本书力图从我国古代的地理学史入手，厘清我国古代地理学的发展脉络，并简述我国古代地理学及地理学家的思想和主要著作。最后一章主要讲述了我国古代地理之谜，介绍了我国古代神秘的沙漠古国和湖泊，以及一些地理遗址。

在古代，游历探险是推动地理学发展的主要形式，也是地理学家可贵的传统。我国古代那么多把一生都献给游历探险事业的使者、僧侣、文学家和地理学家，正表现了中华民族坚韧不拔的优秀品质。对今天的地理工作者来说，学习和继承这种精神仍然是极为重要的。

目录

第一章　古代地理学发展简史

第二章 中国古代地理学家

第三章 古代地形和气候

第六章　测量与制图

第七章　中国古代地理之谜

第一章

古代地理学发展简史

地理学是研究人地关系的科学，是作为当代六大基础科学之一的地学的组成部分。我国历史悠久，很早之时，中华民族就在我们自己的国土上进行生产劳动，和地理环境打交道，地理学思想很早就已有了长足的发展，成为我国光辉灿烂的古文化的重要组成部分。

第一节 地理知识的萌芽

石器时代地理知识的萌芽

人类对地理环境的认识，首先要依赖于人类自身的物质生产活动。我国迄今为止发现早期类型直立人的代表是云南的“元谋人”，生活年代相当于早更新世晚期，距今约73万年，元谋人创造了我国发现的最早的原始文化。他们居住在亚热带草原——森林环境中，选择依山傍水的地方，这里果实丰富、野兽出没，具有集体狩猎和采集的优良地理条件。此时，他们已能打制粗糙的石质工具。

此后，中更新世的“蓝田人”与晚更新世的“北京人”，他们经常活动的地域都比“元谋人”活动的区域广阔。尤其是“北京人”，选择居住的地方更是十分科学。他们居住的北京周口店龙骨山，原是太行山东麓的丘陵地带，这里有丰富的水源和一定的安全保障。北面的山间盆地和附近平原上湖沼众多，又正好处在森林与草原、水产与陆地动植物的交汇之处，为他们提供了丰富的食物来源。从保存至今的历史遗物可以推测出，他们选择这样的居住环境，说明他们已具备一定的地理知识。他们择山洞而居，夏可防洪水、暑热，冬可避风寒。整个旧石器时代经历了漫长的岁月，约占据了自人类诞生以

周口店猿人洞穴遗迹

来99%以上的时间。

距今1.8万年前的北京周口店山顶洞人时期，历史已进入新石器时代。他们已能使用较精制的磨制石器、骨针以及穿孔的海蚶壳等。这种海蚶壳只有在海岸边才有，证明他们活动的范围已远达海边。

到了距今6000～7000年前新石器时代的“仰韶文化”时期，文字符号开始萌芽，定居的原始渔牧农业已经出现。人们已能选择有利地形用以进行种植业生产，他们经营种植业、饲养家畜、兼营渔猎、采集野生果实。村落也出现了，内部还有一定的布局。西安半坡村发掘出来的村落遗址就分为居住区、公共墓地和窑场三部分。遗址中，仅居住区面积就达3万多平方米。半坡人已能确定方向，房屋、墓地、人骨埋葬都朝着一定的方向。如墓坑与墓葬的方向为正西偏北20°左右，墓地绝大部分集中在居住区以北。他们一定已有了确定方向的方法，利用日出东、日落西是最简单的方法。临潼姜寨遗址约5.5万平方米，居住区中心为大广场，周围地势稍高，分布着多组建筑群，每组建筑群又以一大型房屋为主，所有房屋门朝广场。居住区周围挖有深、宽各2米的壕沟，留有通道。村落布局反映了当时的地理知识水平。仰韶文化分布的范围，大体为黄河中游陕西关中地区、河南大部、山西南部、河北及甘青交界地区、河套一带、湖北西北部。同一文化遗址的分布范围，是经济、文化频繁交流的结果，也是当时地理视野的基础。

到龙山文化时期，已进入父系氏族社会，随着私有制的逐渐确立，地理知识有了进一步发展。标志着中国传统城市特征的城墙，已经出现在山东龙山镇城子崖村。它是层层加土，夯筑而成。周长约2千米，平均厚度约9米，高约6米，城内略呈矩形。安阳后岗也发现龙山文化时期夯土围墙遗迹，都是中国最早萌芽状态的城址。这时农业发达，对地理知识的认识明显有了进步。发明凿井术，凿井而饮，耕田而食，使人们可以居住到远离江河、湖泊的地方。提水的陶罐是人们不可缺少的生产和生活工具，象征着人们征服自然、利用水源、发展生产又向前迈进了一步。相应地寻找地下水源的地理知识也是不可缺少的。龙山文化分布区域更广，黄河中下游的陕西、山西、河南、河北、山东、江苏北部、安徽南部、湖北，以及内蒙古河套地区、辽东半岛等地，都有分布。这个范围与夏朝的疆域范围差不多，这反映了它们之间的密切关系。

夏、商时期的地理知识

夏代（公元前21世纪至前16世纪）存在了四五百年之久。商代（公元前16世纪至前11世纪）存在了600多年。这是我国农业蓬勃发展的时期，手工业兴起，城市出现，宫殿建造等，由于物质的丰富和文化的积累，促进了脑力劳动与体力劳动的分工，一批专门从事科学、文化活动的专业文化人出现，又促使文字形成、科学萌芽、造型艺术发展。地理知识也因社会发展的需要，取得了与过去漫长的石器时代不可比拟的突出成就。

远在夏代，开始进入了奴隶社会，青铜器得到使用，精神意识上占卜之风盛行。传说中夏代曾发生特大洪水，部落联盟举鲧治水，但失败了。由其儿子禹继父业，成功了。《史记·夏本纪》载："禹命诸侯百姓兴人徒傅土，行山表木，定高山大川。"他们"陆行乘车，水行乘船，泥行乘撬，山行乘檋。左准绳，右规矩，载四时。以开九州，通九道，陂九泽，度九山……""禹乃行相地宜所有以贡"。可以看出因为治水，直接推动了地理考察，扩大了地理视野，并促进了测量和制图学的发展。"准"是测量方向与物体平直的工具；"绳"是测量距离的工具。"规"和"矩"都是绘图工具。"规"是校正圆的工具；"矩"可以构成直角，是画方形的曲尺，用它测量人们不便直接到达的地方。夏代人们活动区域，古本《竹书纪年》载，夏后芒"东狩于大海，获大鱼"，从今山西一直到达东海，都有夏人的足迹。经常的活动，形成地理观念，表现在当时先进的冶铸工艺上。《汉书·郊祀志》载："禹收九牧之金，铸九鼎，象九州。"据明代著名学者杨慎（升庵）研究："收九牧之金以铸鼎，鼎之象取远方之图。山之奇、水之奇、草之奇、木之奇、禽之奇、兽之奇，说其形，著其生，别其性，分其类……皆一一书焉。"铸在九鼎上的图表示了丰富的自然地理内容。

大禹塑像

由于农业的进步，需要掌握一年之中的季节变化、日照强弱、气温高低、雨量变化等情况，于是物候和历法的知识就高度发展起来。历法是人们为了社会生产实践需要创立的长时间的计时系统。它利用与生产密切有关的自然现象变化的规律，作为天然计时的尺度。它是早期人们对地理环境系统的认识水平的集中体现。相传在帝尧时已专门设置观察天象和时令的官，已认识到了一年四季寒来暑往的节律以及东、南、西、北不同地理位置的星象、气候、动物状况等。《尚书·尧典》很可能成书于周代，其中记述的内容资料有很多是反映夏商的情况。

根据当时认为极远的东、南、西、北所观察到的鸟、火、虚、昴四星的位置来确定四季，认识到南方热、北方冷、冬日短而夏日长以及鸟兽一年四季中交配、生长、发育的状况。以月相盈亏计月，以 12 月阴历加上闰月调整季节，一年 366 天。这就是中国首创的夏历，一直用到周代末期，使用了 1000 多年。

商代，人们的天文知识进一步发展，已认识到鸟星、火星是测定春分、夏至的重要标志，有了冬至、夏至、春分与秋分四季划分的知识，学会用干支纪日，用月亮的朔望周期纪月，用太阳的四季变化纪年。掌握了用闰月调整年、月、日之间的分配的方法，形成了商代的历法。商代历法规定：平年为十二个月，大月为三十日，小月为二十九日。采用十干和十二支相配合形成六十年一周期。殷历平年十二个月，闰月有十三、十四乃至十五个月。每年以十二月为岁首。

《夏小正》一书是我国现存最古老的系统的一部物候书。它有不少的历法、物候知识，反映了夏代或夏商之间的实际情况与认识水平，但其最后成书晚于商代。全书不到 400 字，内容却极为丰富。物候是根据气候引起生物活动规律的一种自然历法，是用植物生长和气候变化之间的一定关系来确定气候状况，并依此状况安排农业生产。此书反映了我国远在夏代就已能根据草、木、鸟、兽等物候现象以及一些天文现象来确定与之相对应的农耕、收割、蚕桑等农事活动。《夏小正》中所观察记录的都是一年十二个月中，各月鲜明的、指示性的生物现象，并由此联系到相关的天象、气候、农业生产和政事等。例如：“正月，启蛰，雁北乡，雉震响，鱼陟负冰，农纬厥耒……囿有见韭，时有俊风，寒日涤冻涂，田鼠出，农率均田。獭祭鱼，鹰则为鸠……初昏参中，斗柄悬在下，柳梯，梅杏杝桃则华，缇缟，鸡桴粥。”

正月（相当于今阳历二月），冬眠的虫苏醒了，大雁向北方飞去，野鸡振翅求偶，鱼游出薄冰，韭菜发芽，田鼠出穴活动，水獭出来捕鱼，鹰怯鸠来，柳生絮，梅杏山桃开花，缟草生出花序，鸡又开始下蛋。农人也开始整理田地。在晨昏时刻，参星中立，斗柄下悬。当时黄河流域的物候和今长江流域差不多，反映气候比现在暖湿。总之，从物候和历法上反映当时的地理知识，已获得相当的发展。

城市是一个地区乃至一个国家人口、经济、文化的集中点，城市聚集着物质财富与精神财富，同时也是人类社会作用于地理环境最强烈、最敏感的地区。城市的出现是科学文化史上的一件大事，由于有了固定的城址，就有利于来自四面八方的物质与文化及其信息的流通。城市的出现是地理知识发展的结果，它也会反过来促进地理科学知识飞速发展。

安阳妇好塑像

偃师二里头发现了一处迄今最早的大型宫殿基址，登封王城岗与淮阳平粮台发现的城址都有可能是夏代的建筑。王城岗碳 14 测定，距今 4000 ± 65 年，城墙是用附近捡来的大小不一的卵石夯打筑成的。平粮台碳 14 测定距今 4355 ± 175 年。已采用小板筑墙法，夯窝规整而坚实，城内铺设陶制排水管道。城内仅有当时的高级建筑遗址，没有发现手工业与商业区，反映了它仅具城堡性质。古代文献中记录“筑城以卫君，造廓以守民”，这与夏代进入私有制社会是吻合的。

经考古发掘和文献印证，至今找到的最早的国都是郑州商城。在今郑州市区二七广场以东，发现商代的一段夯土墙

和大片遗址。城墙基本上是正南北方向，反映了当时测量方向的能力。约在25平方千米的范围内，断断续续分布着居住遗址，有许多作坊，有房基、地窖、水井、壕沟、墓室等。夯土城垣周长6960米，有11个缺口，城近似正方形。它比近代郑州城范围大1/3左右。城内宫殿遗址区达6万多平方米。宫殿区、居民区和作坊区以及街道都有一定布局。城墙高10米，顶宽5米，夯土量约87万平方米，以当时的工具和能力，每天1万人夯筑，也得4~5年才能完成。夯土墙内碳14测定为3570±135年。经考证，这里是《史记·殷本纪》中"帝仲丁迁隞"的首都。这座规模宏大的首都遗址及其布局，是当时地理知识应用的结果，是当时人们精神和文化的集中体现。城内发现原产于热带的象牙，原产于祖国西北的绿松石，冶炼青铜的锡出产于华南或西南，铜矿石、玉石、金、海贝、海蚌、鲟鱼甲等也都来自祖国各地。这些都标志着商代的人们直接、间接的地理活动范围和地理认识能力所达到的水平。

另一引人注目的商代城市群在河南安阳。史载盘庚迁殷（发生在公元前1401年）把国都从奄（今山东曲阜附近）迁到了殷（今河南安阳附近），在此建都273年。对此处曾进行过大规模发掘，发现沿洹河南岸10余千米的宽度内断断续续分布着宫室、庙宇、住宅、坟墓、窖穴、地牢等。据《史记·殷本纪》载："纣时稍大其邑，南距朝歌（今河南淇县），北距邯郸及沙丘，皆离宫别馆。"此范围长达100多千米。

商代的甲骨文是一种成熟、古老而又完整的象形文字。从1899年王懿荣在殷墟发现以来，已出土带文字的甲骨片16万多块。有人将这些甲骨文分类为876种，其中地理类约占24种，历象类约占52种。甲骨文中出现了不少城市、河流、聚落的地名，以及狩猎区地名、民族居住区地名等。还有战争行军路线及旅程等。用象形的文字图形来表示一定区域的人文现象和自然现象，就会使地理知识的积累出现飞跃进步。甲骨卜辞中有十分丰富的气象、气候记录，如晴、昙、阴、霾、雾、毛毛雨、小雨、大雨、雷、电、霜、雪、晕、虹等都有记录，这就反映了当时人们的气候、气象知识的丰富程度。甲骨文中还记录了当时所见到的动物名称70余次，代表30多种动物。从字形的结构反映了当时动物分类和动物生活地理的知识。有少数表示动物大类的概括性概念，如畜、兽、鸟、鱼、贝等。也记录了许多野生动物，如象、兕（犀牛）、鹿、狐、彘（猪）、雉（鸡）、鼠、燕、雀、麝、獐、狸、豕、马、犬、龟、蛇、蚕、吴、蝉、兔、猿、蛙、蜘蛛、蝎子等。

夏、商时代的地理思想是与祭祀、祈祷等巫术活动相联系的。当时盛行自然崇拜，由于自然崇拜而去祭祀名山大川，把自然环境中山、川、风、云、雷、电、水、火等现象看成受神灵主宰的东西。在殷人的地理概念中，殷是个城市，商是居于四方、四土的天地间的中心区域。由于商代奴隶制国家的建立，领土观念逐渐明确，已经按部族、氏族的分部来分区统治人民了。卜辞中有“土方（部落名）征我东鄙，鬼方（部落名）牧我西鄙”的记载。“鄙”即边境的意思。守卫边境又有“西大史”“北御史”等武官的职称。可见，当时政治领土的地理观念已经出现了。殷商时期的政治势力所及，包括今河南全境，山东、河北、山西、安徽等省的一部分地区。周围又有大大小小的许多属国环绕着。这些都强烈地影响着殷人的地理观念。

知识链接

充满道教色彩的古村落

1998年，北京清华大学三位教授在浙江进行古建筑考察时，惊奇地发现浙江省武义县俞源村不仅保留了全国最多的明清古建筑，还发现该村的布局是按中国古代的天体星象图“天罡引二十八宿，黄道十二宫环绕”来排列的。与1974年在河北宣化辽墓中出土的星象图排列完全一致。村中还有按北斗星状排列的7口水塘，当地称“七星塘”。该村最大的古建筑俞氏大宗祠，就建在北斗之斗内。

“二十八宿”是古代中国人在天空划分的28个星区，每“宿”由若干颗恒星组成。古人认为，日月在“二十八宿”中位置的变化能够预示吉凶福祸。

俞源村坐落在武义县西南部，距县城20多千米，四面环山，一条溪流呈“S”型从村中穿过，令人惊奇的是，这条“S”型的溪流与四周的环山在村口形成了一个巨大的太极图形。“S”型的溪流正好是一条阴阳鱼界限，把田野分割成“太极二仪”。溪南“阴鱼”古树参天，鱼眼处现有公路穿

过；溪北“阳鱼”稻谷金黄，鱼眼处种着旱地作物。经仪器测量，太极图直径320米，面积8公顷。

据村中老人说，俞源村的布局是精通天文地理的明代开国谋士刘伯温规划设计并坐镇督造的。在这布局形成之前，俞源村旱涝灾害不断，瘟疫流行，火灾频发。自从这种布局形成之后，600多年来，俞源村再也没发生过旱涝灾害，村民安居乐业，富甲一方，而且人才辈出，成为一处人杰地灵的风水宝地。据传，当年刘伯温来到俞源村，发现村子四周有11道山岗环绕，有祥瑞之气，但村中的溪流太直太硬，把瑞气都带走了，于是将溪流改成“S”型曲流，与11道山岗形成黄道十二宫，并组成了太极图。太极图地形，既挡住了北方的寒冷空气，又保住了村中的祥瑞之气。现在看来，奇迹的出现并不神秘，是一种朴素的生态环境意识的体现。

第二节 春秋中叶、战国时期地理学的发展

春秋中叶到战国时期，是我国社会的大变革时期，是由奴隶制生产关系向封建制生产关系转变的时期。春秋时期生产工具还是铜木并用，到了战国时期，铁制农具和牛耕普遍应用，社会生产力空前发展。奴隶主阶级土地所有制转化为新兴地主阶级土地所有制。

春秋、战国时期，政治形势也发生了极大变化。自周平王向东迁都洛邑（公元前770年）之后，开始了大国争霸的局面。进入战国时期，进一步展开

了“七雄”剧烈兼并的局面，最后由秦始皇统一了六国，结束了战争分裂局面。

春秋战国时期，在文化方面，空前繁荣昌盛，百花齐放，百家争鸣。地理学的发展，揭开了新的一页。

 “地理”概念的形成与发展

在原始社会和奴隶社会，地理知识虽然开始了积累，但是“地理”这一概念，在甲骨卜辞中，在《诗经》《尚书》及《山经》等最早的古籍中，都还未曾出现。

“地理”一词，最早见于《周易》。《周易》由《易经》和《易传》两部分组成。《易经》包括卦、卦辞和爻辞三部分。后人研究，认为是成于周代初

高山地形

期。《易传》（或称“十翼”）包括彖辞、象辞、系辞、文言、说卦、序卦及杂卦等部分。有一部分学者认为成于战国到西汉中期，也有一部分学者认为成于东周时代。《易传》是对《易经》的解释文章。“地理”一词最早见于《易传·系辞》：“仰以观于天文，俯以察于地理。”又说：“在天成象。在地成形。变化见矣。”这里所说的“地理”，它的含义是什么呢？西汉（公元前206—公元23年）时期成书的《淮南子》（淮南王刘安及其门客著）中解释道：“俯视地理，以制度量。察陵陆水泽，肥墩高下之宜，立事生财，以除饥寒之患。”（《泰族训》）东汉（25—220年）时期唯物主义哲学家王充（27—约97年）解释道：“天有日月星辰谓之文。地有山川陵谷谓之理。”到了唐代，经学家孔颖达（574—648年）又进一步明确解释道：“地有山川原隰，各有条理，故称理也。”系辞“在地成形”一语，韩康伯解释：“形况山川草木也……山泽通气而云行雨施。”

由此可知，“地理”这一概念，在春秋、战国时期出现，加上后人解释，开始就含有观察、了解地表的地势（高下）、地形（陵陆、山谷、原隰）、水文（水、泽、川）、植被（草、木）等自然地理现象的分布规律（“各有条理”）及其相互影响（“山泽通气而云行雨施”）等多方面的含义。比起古希腊“地理学之父”埃拉托瑟尼（约公元前273—公元前192年）首先创用的“地理学”这一名词，仅含“描述大地”的意义，要正确而深刻。

到了东汉时期，史学家班固（32—92年）撰《汉书》，其中的《地理志》，是我国第一部以“地理”命名的著作。它的内容，不仅包括自然地理（各地区的山川水泽等），还包括人文地理（户口、水利、聚落、关塞、名胜、古迹、特产、工矿等）。

“人文”（人类社会各种文化现象）这一概念，也是最早见于《易传·彖辞》：“文明以止，人文也。”又说：“现乎人文，以化成天下。”三国（魏）玄学家王弼（226—249年）对前一句的注释是：“止物不以威武而以文明，人之文也。”对后一句的注释是“解人之文，则化成可为也。”

班固《地理志》的内容，显示“地理”这一概念的含义，到了东汉时期已较春秋战国时期，有了进一步的发展。

利用自然与改造自然思想认识的发展

我们的祖先“开天辟地”，他们在由对大自然的纯依赖阶段，进入对大自然逐步地加强驾驭的历史进程中，在人地关系及利用自然和改造自然问题的认识和处理上，不同的历史阶段出现了各种不同的看法和做法。

我国社会发展的早期阶段，处理人地关系时，是求实主义的。《尚书·皋陶谟》记载舜治水“随山刊木，决九川，距四海，浚畎浍距川”。《尚书·禹贡》记载禹治水也是“随山刊木”“随山浚川”，说明都是因地制宜，因势利导，采用疏浚的方法，治理水害。《诗经·大雅》中的《公刘》《緜》等篇，记述周民族始祖后稷的曾孙公刘迁豳及公刘的十代孙古公亶父迁岐的事，也都是因地制宜（《公刘》：“相其阴阳，观其流泉，度其湿原，彻田为粮。”《緜》：“爰始爰谋。”）进行区域开发的。另外，也存在着在处理人地关系问题时，采取把天人格化了的自然决定人类命运，决定人们行事吉凶的观点。殷周甲骨卜辞、彝器铭文及《尚书》中都有记载。例如，甲骨卜辞：“上帝降堇。”《尚书·洛诰》：“我卜河朔黎水。我乃卜涧水东。瀍水西，惟洛食。”

春秋战国时期，出现了诸子百家争鸣的局面。这一时期在人地关系及利用自然和改造自然等问题的认识及处理上，有形而上学的论点，也有朴素的唯物主义的论点；有违反自然法则的论点，也有遵循自然法则的论点。

1. 人地关系论

（1）天命论

孔子（公元前551—公元前479年）大力宣扬唯心主义“天命论”。他说：“获罪于天，无所祷也。”（《八佾》）又说：“君予有三畏。畏天命，畏大人，畏圣人之言。”（《季氏》）孟子（约公元前372—公元前289年）也有“天命论”的思想：“天视自我民视，天听自我民听。”（《孟子·万章》）在“天命论”思想的影响之下，在处理人地关系问题时，就被动而无所作为了。《国语》记载：周灵王二十二年（鲁襄公三十四年，即公元前550年）谷水西南流合于洛水；冲毁王城，将及王宫。周灵王想壅土防止。太子晋认为是“逆天地之性”（韦昭注）加以反对。他说：“古之长民者，不坠山，不崇薮，不防川，不窦泽。……古之圣王，唯此之慎。”

(2)“天人合一”观

墨子（约公元前463—公元前376年）说：“然则天亦何欲何恶？天欲义而恶不义。然则率天下之百姓，以从事于义，则我乃为天之所欲，天亦为我所欲。”又说：“当天意而不可不顺。”“顺天意而得赏。”墨子承认人应按自然规律行事，为了能够“我为天之所欲”，所以他强调人的主观能动作用，要“竭力从事”，“赖其力者生，不赖其力者不生”。但是，由于墨子把“天”（自然）人格化了（“天为贵，天为知而已矣”），所以一味求“顺天意”。因此，人类在大自然面前只是处于从属地位。

孔子像

(3)“天人之分”论

荀况（公元前313—公元前238年）反对“天命论”。他在《天论》篇中说：“天不为人之恶寒也，辍冬；地不为人之恶远也，辍广。”“天行有常，不为尧存，不为桀亡”，自然界有它自己的客观规律。他反对消极地受制于天，主张发挥人的主观能动性，人定胜天。他说：“大天而思之，孰与物畜而制之？从天而颂之，孰与制天命而用之？望时而待之，孰与应时而使之？”

他特别强调人在与自然的斗争中要全力以赴。他说：“天有其时，地有其材，人有其治，夫是之谓能参。舍其所以参，而愿其所参，则惑矣。”（《天论》）

(4) 人地关系“协调论”

公元前6世纪至公元前5世纪间，鲁宣公在泗水上张网捕鱼，里革把渔网割断扔在水里，对鲁宣公说：“古者大寒降，土蛰发，水虞于是讲罛罶，取名鱼，登川禽，而尝之寝庙，行诸国，助宣气也。鸟兽孕，水虫成，水虞于是禁罝罗，矠鱼鳖，以为夏犒，助生阜也。鸟兽成，水虫孕，水虞于是禁罝罜䍡，设穽鄂，以实庙庖，畜功用也。”告诉鲁宣公渔猎要及时。接着又说：

"且夫山不槎蘖，泽不伐夭，鱼禁鲲鲕，兽长麑麌，鸟翼鷇卵，虫舍蚳蝝，蕃庶物也，古之训也。"(《国语·鲁语》上）动植物自然资源得到繁衍，才可以取之不尽，用之不竭。人地双方应处于一个协调的关系之中。

2. 利用自然、改造自然思想

人地关系的看法，是利用自然、改造自然的指导思想。

春秋战国时期的人地关系论，如上所述，有消极方面的，也有积极方面的。毕竟积极的观点总是符合社会发展的需求，从而推动社会向前发展。

在起着积极作用的人地关系论点的影响下，产生了许多合理的利用自然和改造自然的主张和措施。

(1）楚蔿掩的"庀赋"思想

鲁襄公二十五年（公元前548年)，楚蔿掩任鲁国司马（掌管军政和军赋)，他提出整顿财政（称作"庀赋"）的措施，实际就是合理地利用自然和改造自然的主张和措施。《左传》中做了记载："书土田，度山林，鸠薮泽，辨京陵，表淳卤，数疆潦，规偃潴，町原防，牧隰皋，井衍沃，量入修赋。"

先用"书""度""辨""表""数""规"等调查方法，对国内的地形（山、陵、薮泽、原、偃潴、衍沃）进行调查，了解国情。然后，因地制宜，合理开发利用。如有计划采伐森林，以供国用；保护"薮泽"，以备田猎之用。如此，生态平衡便不会受到破坏，自然资源便不会枯竭。又如水草丛生的低湿之地，用作牧场（"牧隰皋"）。肥美的平原，辟为农田（"井衍沃"）。易致泛滥的河道，筑起堤防（"疆潦"）。还对贫瘠地区（"潦卤"），减少赋

自然风光

税，以保证人民能有一定的生活水平。

(2)《商君书》中的“为国任地”思想

《商君书》是商鞅及其后人著作的合编。商鞅于秦孝公时任相达21年(公元前359—公元前338年)之久，实行变法“为国任地”(《商君书·算地》)，奖励耕战，终于使秦国富强，列身于“七雄”之列，奠定秦始皇统一六国的基业。

商鞅的“为国任地”具体措施，可由《商君书》中了解梗概。

①进行全国人口普查

商鞅深深认识到“为国任地”必须了解全国的人口数量、质量及人口动态。他在秦国“四境之内”进行人口普查，“丈夫女子皆有名于上，生者著，死者削”(《境内》)。

②“制土分民”

商鞅推行农战政策，主张人口与耕地比例要保持平衡。认为“民过地，则国功寡而兵力少。地过民，则山泽财物不为用”(《算地》)。要做到“垦田足以食其民，都邑遂路足以处其民，山林、薮泽、溪谷，足以供其利，薮泽、隄防足以畜。故兵出粮给而财有余，兵休民作而畜长足”(《算地》)。

③规划土地

秦国自周平王东迁后，继承周岐山以西地方。至秦孝公时，秦国范围“自汧、雍以东至河、华，膏壤沃野千里”(《史记·货殖列传》)。商鞅“决裂阡陌”(《战国策·秦策》)，“改帝王之制，除井田”(《汉书·食货志》)，对全国土地进行综合开发利用。“地方百里者，山陵居什一，薮泽居什一，溪谷流水居什一。都邑蹊道居什一，恶田居什一，良田居什一。”

孝公时秦据有今天的甘肃东部及陕西西部一带，有山地（湃雍山地）、高原（黄土高原）和平原（渭河平原）。上述土地利用规划，显然是一种模式，但却含有因地制宜、综合利用以发展生产的意义。

④建立法度

《商君书》中的《垦令》《错法》《修权》及《刑赏》诸篇，对于实行农战，都制定法度，有奖有惩。刑上大夫，奖及士卒，法律面前，人人平等。所以举国遵行，终致“富强之功”(《算地》)。

(3)《吕氏春秋》中的“任地”思想

《吕氏春秋》一书中的《十二纪》《上农》《任地》《辨土》《审时》等

篇，也都含有合理地利用自然和改造自然方面的思想内容。

①因地制宜，发展农业

《十二纪·孟春纪》中说："善相丘陵阪险原隰，土地所宜，五谷所殖。"善于根据不同地形，进行农业布局。

②因时制宜，进行耕作

《任地》篇中说："天下时，地生财"，耕作要"无失天时"。《辨土》篇中还详细论述了如耕作不及时"其早者失时，晚者不及时，寒暑不节"，便"稼乃多灾""营而无获"。

第三节 汉代地理学的发展

自公元前221年秦始皇统一六国，建立起一个统一的国家，到两汉时代（公元前206—公元220年），中国古代社会的政治经济文化都取得了突出的成就。古代地理学亦有很大进步，主要表现在地理认识、地理著作等方面。

世界观念的进步

先秦时人关于地球、世界的观念主要有"盖天说""大小九州说"等。秦汉时期，这些观念仍在一定时期流行，但也出现了新的世界认识论（宇宙观），这就是"浑天说"的盛行。

究竟是什么时候出现"浑天说"的，根本无从断定，但是有一点可以肯定，那就是这种说法在汉代已经广为流传。例如，西汉时落下闳、耿寿昌，东汉张衡都曾制造过以"浑天说"为理论基础的天体模型——浑天仪。"浑天说"的主要内容是什么呢？《晋书·天文志》中曾这样记述：天如同是一个鸡

蛋，而地如同鸡蛋中的蛋黄而居于天内，也就是天大地小。而天的内外都是有水的。天和地都漂浮在空气中，载水而运行。一周天为365.25°，一分为二，一半在地上，一半在地下，因此二十八宿一半可见一半不可见。而整个天就如同是车轮一样，在不停运转。

浑天仪

这足以说明，“浑天说”比“盖天说”等更接近科学。首先，它提出了地的球体观念及与天的大小关系；其次，又正确指出了天地皆为“悬浮”之物；再次，划分了天体的度；最后，正确解释了二十八宿隐现的原因。当然，这样的见解也不能是毫无瑕疵的，也存在一些缺陷，如是地转而不是“天转”；天表里并无水，仅大气层中云层成雨；地球非为天的中心……

张骞“凿空”与对西域地理的认识

秦末汉初，居于我国北方的一支游牧民族——匈奴，利用中原战乱，乘机发展，势力很快达于我国西北及北方广大地区，而且时常威胁汉朝，给西汉王朝造成了极大的政治经济压力。

汉初国势较弱，对匈奴不得不采取“和亲”政策，暂求苟安。到公元前140年汉武帝刘彻即位时，西汉国力已极为强盛，为了解决外患，他决心反击匈奴。恰在这时，汉人从俘获的匈奴人口中得知，屡受匈奴迫害而由祁连山下迁到伊犁河流域的大月氏人，“常恨匈奴”，夙有报仇之愿。于是汉武帝便下令招募使者，准备派遣出使西域，联合大月氏共同反击匈奴。

就在这个时候，曾经担任皇帝侍从的张骞应募而出。汉武帝派遣他前去完成抗击匈奴的政治使命。于是，张骞率领100多名随从，前往西域，开始了中国历史上有明确记载的最早的大规模地理探险旅行活动。

在汉武帝建元二年，也就是公元前139年，匈奴人甘英作为张骞一行人

的向导，从长安（今西安）出发，经陇西（郡治，今甘肃临洮县南），进入河西走廊，但是没有想到很快就被匈奴人发现并被俘获。他们被押送到匈奴王庭（今内蒙古呼和浩特市附近），被拘禁了十多年。直到元光六年，即公元前 129 年，张骞和甘英等人才得以逃脱，继续西行。他们从天山南麓前行，经大宛（中亚费尔干纳盆地）、康居（今咸海以东、费尔干纳西北），到达大月氏。此时，大月氏已由伊犁河流域迁到了妫水（今阿姆河流域），因为那里地理环境比较优越，而且物产资源特别丰富。此后，张骞在这里交涉了近一年，但始终没能促使大月氏去攻击匈奴，只好决定回汉朝复命。在此期间，他曾渡过妫水，去大夏国的蓝氏城（今阿富汗瓦齐纳巴德）进行访问。

在武帝元朔元年，即公元前 128 年，张骞一行离开大月氏，踏上回汉朝的路。他们翻越葱岭（帕米尔高原），沿昆仑山北麓东行，经莎车（今新疆莎车）、于阗（今新疆和田）、鄯善（今新疆若羌）等，进入青海的羌人居住地，真是世事难料，他们再次被匈奴俘获，又被扣押一年多，直到元朔三年（前 126 年）匈奴内乱，趁此机会，张骞再次逃脱，回到长安。

这次探险西行，历时 13 年，当时出去的一共有 100 多人，但是在回来的时候只有张骞与甘英两人。此次远行在政治上并没有达到远交大月氏夹击匈奴的目的。然而，这次远行却使张骞带回了大量的西域新知识，历史上就将这次空前的西域探险称为张骞“凿空”西域。在此之后，张骞还建议并参与过由西南通印度的地理探险，但是因为困难比较大，所以没有多少进展。元狩四年（前 119 年），为联系乌孙（今哈萨克斯坦阿拉木图一带），张骞又率众人开始了第二次西域探险。这次他顺利到达乌孙，并分派副使去大宛、康居、安息（波斯，今伊朗）等国。在元鼎二年（前 115 年），张骞回到长安拜为大行。“丝绸之路”开通，次年（前 114 年）在长安逝世，被葬在其故乡汉中城固（今陕西城固县）。在此之后，他所派出的副使也渐渐都回到汉朝。

在张骞所进行的为期二十多年的探险活动中，其对西域各方面进行考察，为当时人们认识西域地理、扩大地理视野提供了丰富的材料。在先秦时代，人们对西北地区的认识还只是局限于甘肃河湟地区以东，因为在秦末汉初的时候，匈奴不断威逼中原，所以人们开始对河西走廊及其以西的地理有了较为模糊的认识，直到张骞出使西域，才使得人们对该地区的认识更加全面。因此，史称他的活动为“凿空”西域并不是无稽之谈。

在汉代时期，在我国新疆地区及其葱岭以西广大中亚地区有许多大大小

小的国家。张骞第一次出使西域乌孙就访问了大宛、康居、大月氏、安息、身毒等国，经历了焉耆（今新疆焉耆）、龟兹（今新疆库车）、疏勒（今新疆喀什）、于阗（今新疆和田）等，而且还听闻传闻了解到了中亚地区的乌孙、奄蔡（今里海、咸海北）、安息、条支（大食，今伊拉克）、身毒（今印度）等地的情况，对各国的地理位置、生活方式等状况进行了了解。如以大宛为中心，“乌孙在大宛东北可二千里”“康居在大宛西北可二千里”“大夏在大宛西南二千余里，妫水南”……另外，《史记·大宛列传》有所记载，张骞还了解到了条支的气候是“暑湿”，即温暖湿润；“于阗之西，水皆西流，注西海；其东水东流，注盐泽（今罗布泊）”。大宛、安息、大夏等国“其俗土著，耕田，田稻麦，蒲陶酒……”张骞此次西行所带来的新的地理知识和由此而得到的荣誉，对后来的探险活动和汉王朝开拓西域起到了极大的刺激作用。更重要的是，加深了汉代对西域地理的认识。有历史资料记载，在张骞出使西域后，皇帝经常询问西域的情况，而且还鼓励更多的人去西域探险，《汉书·西域传》记载：“使者相望于道，一岁中多至十余辈。”《汉书·张骞传》记载：“一辈大者数百，少者百余人。”张骞之后，贯通中亚的“丝绸之路”完全被打开。到东汉时，不仅在西域派驻有“西域长史”，而且甘英还曾为联系大秦（罗马），由中亚抵达地中海东岸。如此种种都对当时人们了解西方世界的地理知识起到了很大的促进作用。

手持令节的张骞像

总而言之，由张骞开创的西域地理认识是中国现存文献第一次对西域中亚，以至地中海东岸的世界较为正确的地理记述。它打破了中国人民对西方地理知识认识的局限性，瞬间从河湟沙漠地带推进到地中海东岸的广大中亚地区。

第四节 三国至唐代地理学的发展

东汉后期，我国古代的政治历史，由统一又走向分裂。这一阶段，开始是三国鼎立，西晋的短暂统一之后，便是十六国的大分裂。东晋灭亡之后，又是南北朝的对立。直到隋王朝的建立，才结束了这一长达360多年的分裂局面。长期的分裂征伐，固然造成社会动乱，但鼎峙对立，却也使各个政治集团的管辖区内，有一个相对安定的局面。

据《宋书》记载："自晋氏迁流，迄于太元之世，百许年中，无风尘之警；区域之内，晏如也。"又据《晋书·裴頠传》称：晋惠帝时（290—306年），"天下暂宁，頠欲奏修国学，刻石写经"。《宋书·孔季恭·羊玄保·沈云庆传》中谈到南朝政治形势说："至于元嘉末，三十有九载，兵车勿用，民不外劳；役宽务简，氓庶繁息，至余粮栖亩，户不夜扃，盖东西之极盛也。"战乱引起人口的大迁移，特别是东晋时期，黄河流域的文人学士和劳动人民大量南迁，一方面把先进的文化带入了长江、闽江以至珠江流域，导致了这些地区的次第开发；另一方面，也大开了眼界，增长了地理知识，导致了地理学研究的发展。《隋书·经籍志》中所载的有关地理方面的书籍，就比《汉书·艺文志》所载多出好多，这就是一个明显的标志。

大致在三国时代，有人写成《水经》一书，这是我国第一部记述全国范围内的水系专著。据《唐六典·工部·水部员外郎注》称：此书所记水道"百三十七"，每条水道，各成一篇，并附《禹贡山水泽地所在》共六十条。系统地以水道为纲，记述每条水道的发源地及流经地区；后世"因水证地"的方法，即为是书所确立。东晋文学家郭璞（公元276—公元324年）曾作注（《隋书·经籍志》）。北魏地理学家、文学家郦道元（公元466或公元472—

公元527年）亦曾作注。自唐以后，郭璞注本失传。《水经》一书遂附郦道元注本而流传。今本只存123篇。

《水经注》是我国公元六世纪以前古代地理知识的全面性总结，保存了大量的地理学领域各部门的历史资料，是研究历史地理的重要参考文献。所以清末学者王先谦评《郦注》说："因水以证地，而即地以存古。"不过郦注对于黄河"潜源重发"说采取了继承的态度，对于长江以南的水道，记注简略，这是由于他未能亲到这些地区"搜渎访渠"的缘故。

三国时代以前，我国的政治经济文化中心在黄河流域，农业是经济基础。由于进行农业生产和水打交道，因而积累了较为丰富的有关流水作用和流水地形方面的知识。

自三国至南北朝这一时期，由于长江流域、闽江流域以至珠江流域，次第得到开发，扩大了人们的视野，而这些地区在地形方面，复杂多样，尤其是岩溶地形（喀斯特地形），吸引了众多的旅行探险家和文人学士的注意，他们写的有关这方面的著作，有不少流传下来，成为我们今天了解这一时期我国地形学发展的宝贵资料。

我国地理知识形成为一门学科之后，在隋、唐时期，地理学在实地观察和研究手段等方面都取得了优异成就，说明它的发展又进入一个更高的阶段。

在我国封建社会高度发展的隋唐，也是科学技术（包括地理学）高度发展的时期。指南针、火药和印刷术这三大发明的应用，为人类历史的前进和地理知识的发展，起了很大的推动作用。

唐代社会经济繁荣，文化教育昌盛，许多科学技术都居世界领先地位。地理学总的来说也处于世界先进行列。唐初，高祖李渊和太宗李世民吸取了隋代兴亡的经验教训，在政治上比较开明，能注意休养生息，社会经济迅速上升，农业和手工业都很发达，商业也非常兴盛，为唐代的封建盛世奠定了物质基础。雕版印刷术发明的确切年代现在虽然还不清楚，但它已出现在唐初，是毫无疑义的。雕版印刷为地理知识的传播和积累做出了重大贡献。隋唐时期，我国地理学的发展，最值得注意的是通过实地考察获得不少宝贵的科学知识，同时观测的方法和手段也有很大进步，构成这一时期地理学发展的特色。

在我国古代取得的地理学成就中，有不少生动事例足以说明野外考察的重要性。特别是唐代的颜真卿（公元709—公元785年）、玄奘（公元596—

公元 664 年)，宋代的沈括（公元 1031—公元 1095 年）、范成大（公元 1126—公元 1193 年）和元代的都实等人，他们在不同的条件下，通过实地考察获得了非常宝贵的地理知识。

关于“沧海桑田”这一海陆变迁的认识，虽然在唐代以前已经出现。如晋葛洪著《神仙传》载有女神麻姑对王方平说：“接待以来，已见东海三为桑田”等语，但不见有科学的论证。到了唐代，颜真卿任杭州刺史的时候（公元 770 年左右），在今江西省南城县的麻姑山顶一座古坛附近发现了螺蚌壳化石，他认为这就是沧桑变化的遗迹。于是写了《抚州南城县麻姑山仙坛记》一文，其中引了葛洪《神仙传·麻姑传》所记关于沧桑变化的故事之后，随即指出在南城县麻姑山“有螺蚌壳，或以为桑田所变”，并“刻金石而志之”。可见，他对自己的发现相当重视。他重视这项成果是有道理的，因为他为“沧海桑田”的变化提供了科学的证据。我国唐宋时候已把海陆变迁的认识建立在完全科学的基础之上，是通过野外观察取得的。公元八世纪颜真卿根据化石作出的判断比十一世纪阿拉伯人伊本森纳的同样推断早 200 多年，比欧洲文艺复兴时期达芬奇（公元 1452—公元 1519 年）的有关论述早 700 多年。

唐代的名僧玄奘，继法显等人之后，再一次去印度研究佛经。公元 627 年他从长安出发，西行到印度，遍游印度各地。17 年后又经西域返回长安。他的著作《大唐西域记》，对于当时 100 多个国家和地区的山川地形、气候物产、交通道路、城邑关防、风土习俗、文化政治等特点都有记述，书中的地理内容，十分丰富。例如，关于波谜罗川（今帕米尔）的记载，指出这里是葱岭的一部分，“其地最高也”。这是我国古籍中首次提到的关于帕米尔这一名称的地理概念。这部著作是研究中亚、印度一带历史地理的宝贵文献。

在隋唐大统一的局势下，为了掌握全国各地的风俗、物产、山川、城邑等情况，便有了编纂全国和地方区域地理著作的需要。这时编修的地理著作多称“图经”，“图”是地图，“经”或“志”是配合地图的文字说明。在图经或图志中的各卷卷首一般都有图，如隋代虞茂著的《区宇图志》，叙山川时，“卷首有山川图，叙郡国则卷首有郭邑图”；唐代李吉甫撰《元和郡县图志》也是图文并茂，“图在篇首”。唐政府还令各州县按规定时间造送图经。“图经”或“图志”的出现，在地理著作的发展过程中是有意义的，因为这种形式既发挥了地图的功用，也有利于加强地理著作的科学性。

第五节 宋元时代地理学的发展

公元960年，宋太祖赵匡胤结束了五代十国的分裂局面，建立统一的中央集权的宋王朝，在发展生产方面，他鼓励开垦荒地，兴修水利。手工业和商业也都繁荣发展。公元1127年以后，南北再度分裂。1279年，元统一了中国。元朝建立以前，元太祖成吉思汗的兵力已远达欧亚二洲的广大地区。这为元世祖忽必烈建立元朝后，中外经济和文化交流得到发展和扩大，创造了有利的条件。

这一时期在科学技术方面，出现了火药、指南针和活字印刷术这三大发明。

在这一特定的历史条件下，宋元时代的地理学，在方志、地图及域外地理知识等方面，都有了突出的发展。

方志编撰的发展

宋元时代，地志的编纂，不管在内容上、体例上、种类上及数量上，都超越过去。宋代方志更是空前发展，起到了继往开来的作用。

1. 全国总地志的编纂

（1）《太平寰宇记》

宋王朝建立后，担任官职的文学家、地理学家乐史（公元930—公元1007年）有鉴于过去志书编修太简，加以“从梁至周，郡县割据，更名易地，暮四朝三”，（《太平寰宇记・表》，下同）“图籍之府未修，郡县之书罔备”，便“沿波探源，穷本知末”，撰成《太平寰宇记》二百卷。这部宋朝全国总地理志的特点，大致可以归纳如下：

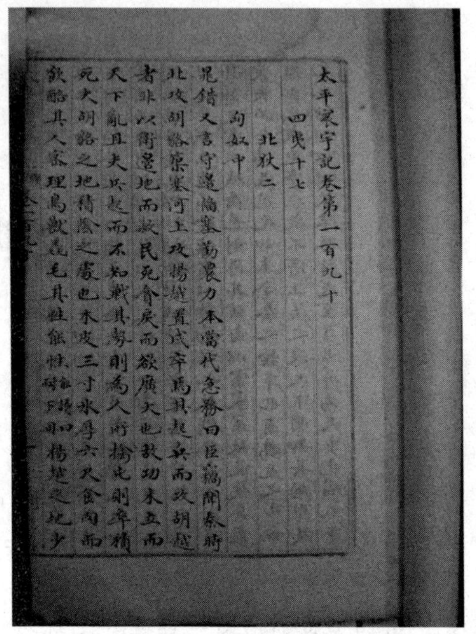
太平寰宇記卷第一百九十
四夷十七
北狄二
匈奴中
晁錯又言守邊備塞勸農力本當代急務曰臣竊聞秦時
北攻胡貉築塞河上攻揚越置戍卒焉其起兵而攻胡越
者非以衛邊地而救民死也貪戾而欲廣大也故功未立而
天下亂且夫兵起而不知戰其勢則爲人所擒屯則卒積
死夫胡貉之地積陰之處也木皮三寸冰厚六尺食肉而
飲酪其人密理鳥獸毳毛其性能寒

太平寰宇记

①主导思想方面。乐史在宋太祖统一全国前，曾供职南唐。晋时所割让给辽的幽、妫等十六州，迄宋仍未入版图。乐史既以国家复归统一而欢欣，又以金瓯犹缺而焦虑。宋太宗赵光义亦“冀复燕云”，乐史在编纂《太平寰宇记》时，以当时十三道为标准，把幽妫等十六州仍然列入，充分表达了当时人们收复失地的志愿。

②体例方面。乐史依照唐代李吉甫《元和郡县图志》的门类，而又有所增益，于沿革、境域、山川、道里、户口、贡赋等外，增加人物、姓氏、风俗、土产、艺文诸门，“盖地理之书，记载至是书而始详，体例亦自是而大变”。《太平寰宇记》的体例，成为后世“州县志之滥觞”，如《明一统志》《清一统志》即是。

③内容方面。《太平寰宇记》的内容，始于河南道，终于四夷，既包括中国，还及外域。采摭《山海经》及《汉书·地理志》，考正讹谬。还补充“贾耽之漏落，吉甫之阙遗”。（《太平寰宇记·表》）清代经学家、文学家洪亮吉在《重校刊太平寰宇记序》中，称道《太平寰宇记》的内容说：“至若地理外，又编入姓氏、人物、风俗数门，因人物又详及官爵及诗词杂事。”可是，这一增加，就使地志内容更为繁杂了，文史资料远远超过地理资料。《太平寰宇记》只有志而无图亦是不足之处。

（2）《元丰九域志》

王存（公元1068—公元1085年）、曾肇、李德刍等编撰。始于四京，终于“化外州”。分路（二十三路）记载府、州、军、监、县的“壤地之离合，户版之登耗，名号之升降，镇戍城壁之名，山泽虞衡之利”，至于“道里广轮之数，昔人罕得其详；今一州之内，首叙州封，次及旁郡，彼此互举，弗相

混淆”。《元丰九域志》较《太平寰宇记》为简略，也是有志无图。

（3）《舆地广记》

欧阳斋编著，也是“考摭史传及《山经》《地志》等古籍”，以元丰时的四京二十三路政区为纲，结合历史故实，分述州县建置沿革，至于一般地志所共有的重要的地理内容如四至、道里、户口、风俗、土产等，则省略，史多于地。

（4）《舆地纪胜》

南宋时期王象之编撰，以南宋理宗宝庆（公元1225—公元1227年）以前政区（十六路、一百六十六府、州、军监）为纲，分府、州沿革，县沿革、风俗、形胜、景物、古迹、碑记、官吏、仙释、人物、诗等目。这部地志，也是史多于地。

（5）《方舆胜览》

南宋理宗时祝穆编撰。这时中原隔绝已久，以南渡后所辖疆域，记当时十七路以下的府、州、军的建置沿革，疆域道里，田赋户口，关塞险要，特详于名胜古迹、诗赋序记。《四库全书提要·地理类》称该书“名为地记，实则类书也”。

（6）《大元大一统志》

元朝孛兰肹、徐弦等曾修《大元大一统志》（1300卷），以每路、每府所辖的州和行省直辖的州为纲，下分建置沿革、坊廓乡镇、里至、山川、土产、风俗形势、古迹、宦迹、人物、仙释等目，内容丰富。后来《大明一统志》的编纂，即以是书为蓝本。《元史·地理志》亦多取材于是书。原书早失，今有残篇和近人辑本。

2. 地方志的编纂

宋太祖统一全国后，为了解全国各地区的形势及其他各方面的情况，于开宝四年（公元971年）开始重修天下图经。真宗景德、祥符时（1004—1016年）又大加修辑。自此以后，各级政区府、州、县、军、监、镇皆有志；南宋以后，甚至乡、里、村也有志。有的有志无图，有的有志有图，图且多在卷首。图经的编制，也是在宋代始大盛。在体例上，承继了《太平寰宇记》的规范，包括位置（星野）、境域（道里）、沿革、自然地理（山川、江湖）、人口地理（户口）、经济地理（物产、税租、土贡、水利）、聚落地理（城郭、廨舍、园亭祠宇、寺观场镇)、军事地理(兵防)以及秩官、人物、科举、古迹、诗赋等，几乎是千篇一律。在内容上较唐朝方志为广。

宋代较著名的地方志有《吴地记》(唐·陆广徽撰，北宋人增补唐以后至北宋大中、祥符前资料)，《吴郡图经续记》(北宋·朱长文撰)，《吴郡志》(北宋·范成大撰)，《临安三志》(周淙《乾道临安志》；施谔等《淳佑临安志》，潜说友《咸淳临安志》)，《乾道四明图经》(北宋·张津等撰)，《嘉泰会稽志》(南宋·施宿等撰)，《宝庆四明志》(南宋·方万里等撰)，《开庆四明续志》(南宋·梅应发等撰)，《淳熙三山志》(南宋·梁克家撰)等。

元代较著名的地方志有《齐乘》(于钦撰)，《延佑四明志》(袁桷等撰)，《至元四明续志》(黄元恭撰)等。

沿革地理的发展

《汉书·地理志》记述每一政区，几乎都要推本溯源，追寻建置来历，开创了编写沿革地理的先例。唐代杜佑(735—812年)在他撰的《通典·地理门·州郡篇》中，以《禹贡》“九州”为基本分区，追述各地区的建置沿革，这是对《汉书·地理志》的继承。到了宋代，不管在全国总地志中，或各地方志中，也都有政区建置沿革的资料。此外，还出现了沿革地理专篇。

1. 《通志·地理略》

南宋史学家郑樵(1104—1162年)亦精于地理，撰《通志》一书，其中之《地理略》(全书共有二十略)“历代封畛”一节，上起三皇，下迄隋代，由古及近，叙述政区建置沿革。此外，还有《都邑略》综述历代建都地点，此乃旧史所无，为一首创。《四夷传》综述历代边境形势，《开元十道》则是考证唐朝的疆域情况。

2. 《通鉴地理通释》

南宋地理学家王应麟(1223—1296年)撰。以北宋史学家司马光(1019—1086年)所撰的历史名著《资治通鉴》所载地名异同、沿革、险要、要塞所在，各为条例。首述历代州域，依次为历代都邑，十道山川，各国形

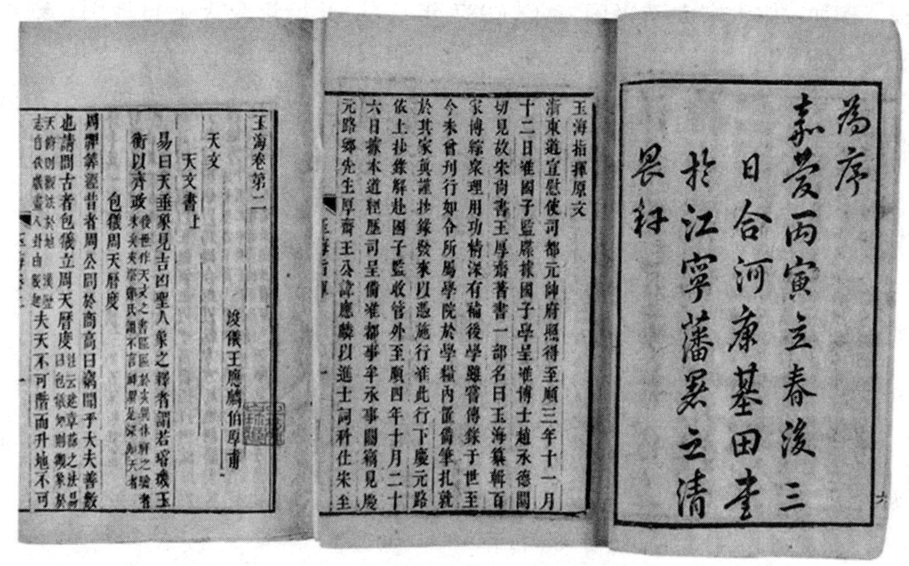

诗考与诗地理考

势，终以唐河湟十一州，后晋幽云十六州。征引浩博，考核精确。王应麟写作是书，时值南宋末年，书成之日，已宋亡三年。他在自序中说："所叙历代形势，以为兴替成败之鉴。"爱国思想，溢于纸上。

3. 《诗地理考》

王应麟撰。根据东汉经学家郑玄《诗谱》分篇，考证夏、商、周三代时期的疆域变迁，"因诗以求地之所在"。（自序）此外，是书还载有自然现象及少数民族等方面的资料。

沿革地理方面，除了上述专著书籍外，北宋税安礼还撰有《地理指掌图》一部，自帝喾至宋，共绘图 44 幅，可说是历史地图的开创之作。

地图学的发展

宋王朝建立后，疆域较唐为缩小。为了加强中央集权、巩固国家统一，图谋收复失地，采取了多种措施。由于由地图中可以"周知地理、山川之险易，户口之众寡"；"发兵屯戍，移徙租赋"，因此，对地图的绘制，很是重

视。例如，宋太宗太平兴国三年（987 年），即开始诏令天下贡地图。雍熙（984—987 年）中，“奉图来献者，州郡凡四百”。此后规定五年或十年一上。数量多，种类也多。到了元代，我国古代地图学的发展，又达到一个新的高峰。

1. 宋代地图学的成就

宋代地图的制作，既有用帛绘成的图幅，也有用木或胶泥制成的模型，还有石刻的。至于地图种类，更是繁多。兹分别举例如下：

（1）全国总图

①《天下图》

太宗淳化四年（993 年）“诏画工集诸州图，用绢一百匹，合而画之，为天下图，藏于秘阁”。

②《天下州县图》（《守令图》）

神宗熙宁九年（1076 年），沈括奉命绘制，哲宗元佑二年（1807 年）完成。计大图一轴，高一丈二尺，广一丈。小图一轴，全国十八路，各绘一轴，共二十轴。在比例尺方面，以二寸折一百里（1∶900000），较以往一寸折一百里（1∶1800000）放大一倍，面积放大四倍。在方位方面，改以往八个为二十四个，用天干（戊、己除外）地支及四卦（乾、坤、艮、巽）标明。继承裴秀的“制图六体”（分率、准望、牙融、傍验高下、方隅、迂直六法）。沈括是地圆论者，采用坐标网绘制地图，正是现代以球形地面为基础的等距方位极地投影。

③《禹迹图》

这是保存在西安碑林中的石刻全国总图，伪齐阜昌七年（南宋绍兴七年，1137 年）上石。石高宽各 3. 42 尺，用方格法，每方百里。境域北抵河套，南尽琼崖。今天细加校核，所绘海岸线和河流流向，还相当精确。只是长江、黄河上源误差较大。碑的另一面刻的是《华夷图》，除了中国外，还有域外部分。

④《地理图》

这是保存在苏州旧文庙内的石刻全国图。淳熙十四年（1189 年）黄裳绘图，淳佑七年（1247 年）上石。石高 6 尺余，宽 3 尺余，不用方格法，山脉上还注有森林符号。地名加上方框，以资醒目。又据《玉海》记载：“黄裳作

舆地图，以木为之。”（卷十四）

此外，朱子还曾用胶泥制图，“以两三路为一图，而旁设牝牡，使犬牙相入，明刻表识，以相离合”。（《朱文公集·答李季章书》）

（2）其他地图

诸州图雍熙中，“奉图来献者，州郡凡四百”。景德四年（1007 年），诏绘诸路形势图。

①边防图

太宗至道三年（997 年），诏绘边防郡县山川图。其后沈括曾“奉使按边，始为木图。写其山川道路”。自是，宋王朝“乃诏边卅皆为木图，藏于内府”。

外域图如保存于西安碑林的石刻《华夷图》。不画方格，山湖等俱用符号表示，河流用线条表示，干流粗，支流细；上游细，下游粗，一如今日地图。有山名、河名及各府州等名称。当时中国本部的四周，注明域外国家名称。今日校核，所绘山川及平面地形轮廓，近似近代地图。江河源头及东部南部海岸轮廓，则皆不准确。

沿革图有《禹贡山川地理图》（程大昌撰）及《地理指掌图》（税安礼

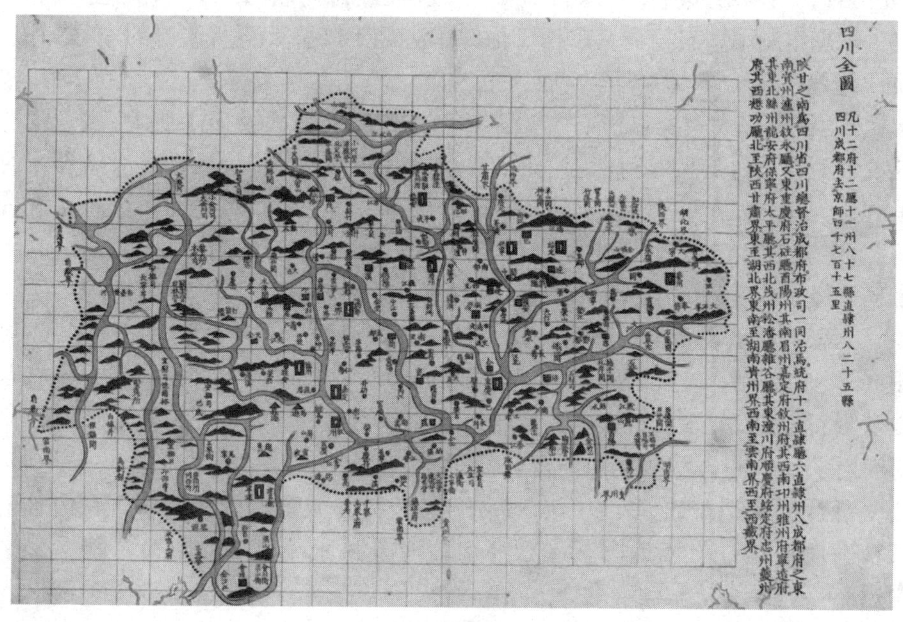

古四川地图

撰）。前者亡佚，后者有明代翻刻本流传。

②其他地图

除上述各类地图外，凡山川、水利、都会、交通、宫阙等，亦莫不有图。

2. 元代地图学的成就

元代，在地图学上贡献最大、影响最深的人是朱思本。

朱思本（1273—1337年）字本初，江西临川（今抚州）人，是道教徒。自幼对地理便产生兴趣，自称“予幼读书，知九州山川”，及观司马氏周游天下，慨然慕焉。后来奉诏代祀名山大川，得偿“周游天下”夙愿。他“登会稽，泛洞庭，纵游荆襄，流览淮泗，历韩、魏、齐、鲁之郊，结辄燕、赵……祠嵩高，南至于桐柏，又南至于祝融，至于海”。足迹遍布西北（山西）、华北（河北、山东）、中原（河南）、江淮（安徽、江苏）、东南沿海（浙江）及华中（湖北、江西）等广大地区。他周游天下，进行地理调查“往往讯遗黎录故迹，考郡邑之因革，覈河山之名实”，以其通过实地考察所获得的丰富的第一手资料“验诸滏阳、安陆石刻《禹迹图》《建安混一六合郡邑图》，乃知前人所作，殊为乖谬”，便决心绘制一幅正确的《奥地图》。

朱思本制图，态度极其严谨。他并不满足于周游天下所获得的丰富知识，他“阅魏郦道元注《水经》、唐《通典》、《元和郡县志》、宋《元丰九域志》、今秘府《大一统志》”，“参考古今，量校远近”，极其仔细认真，“既得其说，而未敢自是”，还托付使于四方的“中朝大夫”，“嘱以质诸藩府，博采群言”。对于那些“虽朝贡时至，而辽绝罕稽言之者既不能详，详者又未可信”的“涨海之东南，沙漠之西北，诸蕃异域”，则“姑用缺如”。他占有大量的、经过核实后的第一手资料后，才着手制图。

朱思本继承裴秀、贾耽的制图方法，计里画方，把小幅分图合为一幅大图（“随地为图，乃合为一”）。这幅《舆地图》长广七尺，绘成后，曾有摹本及刻石流传，历两个世纪之久，此后便告散佚。明代罗洪先曾据朱图作《广舆图》，今得以间接推知梗概。

《舆地图》上的地形（山川、湖泊）、地物（城镇）的注记多，在内容上及精确度上超过前代地图。迄于清初，地图制作，皆以朱图为范例，影响深远。

元代尚有《经世大典地图》，亦已失传。

第六节 明代地理学的发展

大地测量与地理认识

明末清初，很多西方基督教传教士远渡重洋，来到中国进行传教。为了能够得到中国士大夫的信任，这些传教士不断向中国人介绍西方的科学知识。例如，明万历初年来华的意大利传教士利玛窦（1552—1610 年）就曾绘制了多种世界地图（如《山海舆地全图》《坤舆万国全图》等）来介绍西方地理知识和成就。因为他的地图绘制所采用的是西方科学的地球球体观念、经纬度和科学投影法，而且又将地理大发现的新知识纳入其中，所以，利玛窦的绘图使中国人了解到了一个新的世界，同时也冲击了中国人传统的地理观念和认识。例如，在他的绘图过程中，中国人了解了有关地球说和寒、温、热带的划分；了解了整个世界的地理概貌：当时已将世界分为五大洲，即欧罗巴（欧洲）、利未亚（非洲）、亚细亚（亚洲）、南北亚墨利加（南北美洲）、墨瓦蜡泥加（澳洲），而且他还详细说明了五大洲的位置及四邻界址；各洲之上还标出了汉语国名，河、湖、海、岛名称……到目前为止，利玛窦绘图中的一些名称还在继续沿用，如地中海、尼罗河、罗马尼亚、罗马、古巴、大西洋、加拿大、南极、北极、地球、经纬线、赤道、北极圈……除此之外，他还以科学方法测定了中国许多地方的经纬度，同时告诉中国人在绘图过程中，经纬度是非常重要的，同时教给中国人如何表示经纬度。

除了利玛窦之外，还有很多其他传教士，如蒋有仁、艾儒略、南怀仁……他们也向中国人介绍了很多新的地理知识，不仅使得清朝初期中国人的视野更加开阔，而且还提高了投影法、经纬度测量在地图制作中的重要性和意义。

正是受到这种新知识的刺激，清初康熙、乾隆两朝开始采用西方的科学方法来测量全国各地的经纬度并编制地图。

在康熙四十六年（1707 年），清朝的测绘人员在北京附近试测并绘制地图，到康熙五十六年（1717 年），康熙皇帝聘请外国传教士雷孝思、杜德美、白晋等人率领中国测绘人员，进行了历时 10 年的中国第一次大规模全国大地测量工作。共测绘了全国 641 个（未计西藏）经纬度基点，其中直隶 48 处，江南 37 处，山西 28 处，山东 28 处，浙江 30 处，河南 29 处，江西 30 处，陕西 28 处，湖广 54 处，四川 28 处，广东 37 处，海南岛 7 处，贵州 25 处，福建 30 处，云南 30 处，蒙古 93 处，辽东 8 处，广西 28 处，台湾 7 处，吉林、黑龙江 36 处。除此之外，康熙皇帝还派在钦天监学习过数学的喇嘛楚儿沁藏布兰木占巴等前往西藏进行测量。由于当时西北地区新疆准噶尔贵族发生叛乱，因此，当时新疆的测量只是在哈密地区。到乾隆时期，随着新疆等地叛乱的平定，第二次对全国经纬度的测量正式开始。此次测量的主要工作是在内地调整测绘了一些经纬基点；在 1756 年和 1759 年补测了新疆地区的经纬点，从而得到了哈密以西至巴尔喀什湖以东、以南地区约 90 个点的经纬度数据。

通过这两次测量，清朝初期采用经纬度和投影法先后编绘了两种全国地图，即康熙五十六年至五十七年（1717—1718 年）制作的《皇舆全览图》和乾隆时期的《乾隆内府舆图》。《皇舆全览图》的子午线是经过北京的经线，图幅范围由子午线向西 40 多度；向东至东海；北到北纬 55°。包括内地各省以及东北各省、内外蒙古、台湾及哈密以东地区。全图共由 28 幅分图组成，比例尺为 1∶40 万 ~1∶50 万。在康熙五十八年（1719 年），康熙皇帝又把楚儿沁藏布兰木占巴等绘制的西藏图囊括到总图中。《乾隆内府舆图》是在《皇舆全览图》的基础上，吸收新疆等地的新测量成果，在乾隆二十五年至二十七年（1760—1762 年）绘制完成。此幅地图也是采用经纬度和投影法。其所涉及的地域范围约大于《皇舆全览图》一倍，图上的地理范围：以中国为中心，西至波罗的海、地中海；北至俄罗斯北海；南至琼岛（海南岛）；东至海（指东海）。可以说，它是一幅真正的亚洲地图。

这些地图的产生不仅标志着中国制图技术的进步，而且也说明了中国人对当时中国及其周边的地理环境有了一个更加深刻的认识。与过去任何时候

相比，这些地图要深入、仔细得多。例如，世界最高峰珠穆朗玛峰就是在康熙时代测量时首次被明确载入地图的。它比印度测量局的英国测量员额非尔士在 1852 年对珠峰的测量早 135 年。

乾隆内府舆图

除此之外，随着清初对大地的测量，有两种重要的地理观念逐渐形成：一是在总结实测经纬度数据的基础上，为了更加方便地制图，规定以当时的工部营造尺（1 尺 =0. 317 米）为标准，1800 尺（180 丈）为一里，也就是每尺刚好合经线 0. 01″。这种观念是把长度单位与地球经线每度弧长联系起来，在当时来说是一个了不起的举措，也是以球形体来确定尺度的最早尝试。这种尝试比 18 世纪末法国人以赤道长度来规定米制要早约 80 年。二是在康熙时的测量中，通过对穿过中央子午线的霸州（39°N）至交河（38°N）间弧长，与东北齐齐哈尔以南，41°N ~ 47°N 同一经线上弧长的比较，发现东北地区 1°的弧长比交霸间 1°的弧长要长，而且越向北经线 1°的距离越长。事实上，这种经线不等距的发现后来为“地球扁圆说”提供了实证材料。

新的地理思想

通过长期地理知识的积累，加上受到西方科学地理学原理和方法的熏陶，清朝初期逐渐出现了几位具有先进地理思想的著名地理学家——刘献廷、顾祖禹和孙兰。在很多方面，他们又有了新的见解，如学科发展、人地关系、自然地理理论……

刘献廷（1648—1695 年），字继庄，又字君贤，自号广阳子，顺天府大兴（今北京大兴区）人。其主要的观点就是经世致用、学以致用和经济天下。在他看来，不是只学习一些书本知识就算获得了学问，而是应当对各个方面都有所研究。他的研究面非常广，但主要还是地理。针对中国历代地理著作重沿革、人文，且偏重描述的特点，他提出地理学必须科学化，而且必须注意自然地理规律的探讨。他在《广阳杂记》卷三中说道：“方舆之书所纪者，

惟疆域、建置沿革、山川古迹、城池形势、风俗职官、名宦人物诸条耳。此皆人事，于天地之故，概乎未之有闻也。余意于疆域之前别添数条，先以诸方之北极出地为主，定简平仪之度，制为正切线表。而节气之后先、日食之分秒、五星之凌犯占验，皆可推求。”他所说的“天地之故”就是指地球表面的自然规律。针对我国古代地理学“人事”传统的治学、著作体系，他提出了反对意见，而且认为那些内容不足以说明地理方面的全部内容。他认为必须要对自然地理规律进行研究和记述。在改革地理学，使地理学有更加科学具体的研究方法方面，他提出在区域地理著作的“疆域”记述之前，需要有地理著作的开头，首先要根据北极星高度与地平线角度，计算出该地的经纬度表，然后再根据经纬度的差别来推断气候方面的差异。

刘献廷的思想，足以说明了其改革我国古代地理学的决心，其思想促进了中国古代地理学趋向近代化和科学化。虽然其思想在很多方面都有积极意义，但是并没有得到当时中国人的重视，甚至在其死后不久的乾嘉时代，一

自然风光

个更趋向沿革古迹“人事”化的沿革地理学热兴起了，使得以沿革地理为主要特征的中国古代地理学得到了更大程度的发展。

顾祖禹（1631—1692 年），字复初，号景范，因为其居住地靠近宛溪，所以又被称为宛溪先生，他是明末清初的历史地理学家。他将毕生所学写成了《读史方舆纪要》（130 卷，另附《舆图要览》四卷，共计 280 万字）一书，书中对很多方面都进行了详细说明，如各地山川险要，形势利害，考订古今郡县沿革变迁……可以说，它是一部集大成的历史地理著作。在研究历史地理的过程中，他就地理学的基本理论问题提出了“人地相关”的见解。在他看来，纵然自然条件对人类各方面发展都起着重要作用，但是千万不能忽视人的作用，因为人为条件才是真正起决定作用的，正是人的主观能动性才能促进社会的不断发展。例如，他在《读史方舆纪要·总序》中，列举历史上人地相关的历史事件进行分析后，概括总结说：“知求地利于崇山深谷、名城大都，而不知地利即在指掌之际，乌足与言地利哉!”当然，他的这种地理思想并不是凭空出现的，而是建立在对大量历史事件研究的基础上。这种思想是在 17 世纪初提出的，所以在很大程度上代表了当时地理知识的先进水平。

孙兰，明末清初地理学家，字滋九，一名御寇，自号柳庭。其著作有《柳庭舆地隅说》《大地山河图说》《古今外国地名考》，他在自然地理规律与学科发展方面都提出了颇为重要的见解。

在革新中国古代地理学传统方面，孙兰也提出了要探讨地理规律。在《柳庭舆地隅说》自叙中，他首先指出了古代传统地理学的志、记与“说”的区别，指出：“志也者志其迹，记也者记其事。说则不然，说其所以然，又说其所当然，说其未有天地之始与既有天地之后，则所谓舆地之说也。”

“说”的内容包括：

“何以为山，何以为川，山何以峙，川何以流，人何以生，国何以建，山何以分支别派，川何以输泻传流，古今何以递变为沿革，人物何以治乱成古今。”“说”的内容足以说明了孙兰非常强调对自然地理和人文地理的重视和研究，其与刘献廷革新中国古代地理学传统的思想一样，都代表了当时进步的地理学思想。

知识链接

世界观念

先秦时期中国人对于世界的认识观念主要有三种，即“盖天说”“大小九州说”和“四海说”。

1. 盖天说

在春秋时期，“盖天说”是非常盛行的，其核心观点是天如同一顶斗笠，而地则像一个反扣的盘子。根据《周髀算经》，我们可以得知，“盖天说”不仅认为“天象盖笠，地法复盘”，而且指出：“天地各中高而外下”，天与地之间相差有8万里，而天的中央是北斗，中央比周围要高出6万里，北斗作为天的中央，正对的是地的中央，其比人们居住的地区也要高出6万里。

2. 大小九州说

“大小九州说”是战国人邹衍创立的。他以《禹贡》九州概念为基础，然后将世界地貌推衍出来。他认为中国有九州，九州之内各有名山大川物产等，称为“赤县神州”。在中国之外，还有“赤县神州”的九个州，即“九州”，“而九州”之外又有这样的九个“九州”，所谓“大九州”，也就是八十一州。“九州”之间都被海水所隔，而大九州之外被大海环绕，是天地的边缘。所以，中国仅占天下的1/81。

3. 四海说

“四海说”认为中国四面被海水环绕，整个世界就是一片海洋。这种观念产生的时间比较早，而持续的时间也是非常长的。如《尚书·大禹谟》中已提到“文命敷于四海”，《五藏山经》中也明确讲到东西南北四海。当然，荀子的讲解是最为系统的。他在《荀子·王制》中认为：“四海之内若一家。”“北海则有走马吠犬焉，然而中国得而畜使之；南海则有羽翮、齿革曾青、丹干焉，然而中国得而财之；东海则有紫纮鱼盐焉，然而中国得而衣食之；西海则有皮革、文旄焉，然而中国得而用之。”

这足以说明，在先秦时期，中国人所理解的世界还是非常片面的，只是局限在自己活动的黄河中下游地区，而对外部世界地理的认识多是猜测。

第七节 中国古代地理学思想和著作

阴阳变易，生生不息

大自然的生命在于阴、阳的结合。阴、阳是宇宙间最基本的两种力量。它是深层次的关于物质世界结构的最终原理。

阴阳互补，互不分离，先秦时代的《老子》一书提出："万物负阴而抱阳。"《周易·系辞》中说："一阴一阳之谓道""阴阳不测之谓神"。考阴阳原义，"阴"为云覆日，"阳"为日出；引申为暗和明，寒和暖，北和南，里和表等一切在一个统一体内对立或相反的现象。故在自然界中，天为阳，地为阴；在人类社会中，男为阳，女为阴；在性情，刚为阳，柔为阴，依此类推。

阳代表那些与天空、男性、父亲、正面、强壮、坚硬、明亮、建设有关的事物；阴则代表与大地、女性、母亲、反面、虚弱、柔软、黑暗、破坏有关的事物，这阴阳两种彼此对立的力量互相作用而生成五气，五气再转化合成一个统一的物体，即太极。《素问·金匮真言论》举一昼夜的时间为例进行

阴阳与八卦

划分，则更加具体了。“平旦至日中，天之阳，阳中之阳也；日中至黄昏，天之阳，阳中之阴也；合夜至鸡鸣，天之阴，阴中之阴也；鸡鸣至平旦，天之阴，阴中之阳也。”这种阴中有阴，阴中有阳，阳中有阳，阳中有阴的现象，说明天地万物的阴阳，并不是绝对割裂的，而是分中有合，合中有分。

在古人眼里，阴阳两者的关系是对立统一的辩证关系。“譬如阴阳，阴中有阳，阳中有阴，阳极生阴，阴极生阳，所以神化无穷。”所谓阴阳互含，就是说阴和阳是相互的。作为事物的对立面，阴和阳的关系并不是绝对的，阴极阳生，阳尽阴至，它们在相互对立中达到平衡，而且在一定条件下可以相互转化。“日中则昃，月盈则食”表达的就是这个意思。阳有积极、进取、刚强之意，同时也代表了具有这些特性的事物和现象；而阴有消极、退守、柔弱之意，同时也代表了具有这些特性的事物和现象。通常情况下，凡是活动的、外在的、上升的、温热的、亢进的等，统属于阳的范畴；凡是沉静的、内在的、下降的、寒冷的、衰减的等，统属于阴的范畴。《素问·阴阳离合论》说：“阴阳者，数之可十，推之可百。数之可千，推之可万，万之大，不可胜数，然其要一也。”世间万物的变化虽然多得不可胜数，然而它的要领却只有一个，就是阴阳互补的宇宙规律。

由于阴阳两种力量的相互渗透，因此它们彼此之间互相依赖，互为消长。阴盛则阳衰，阳盛则阴衰，从而构成客观世界的动态平衡。

阴阳相交，生生不息。《黄帝内经》说：“阴阳交而不离乎中”“天地感而万物生化”。万物由阴阳结合而生成。阴阳是生命的本源，是“天地之道也，万物之纲纪，变化之父母，生杀之本始，神明之府也”。这里“神明”不是鬼神而是精神。《黄帝内经》的《素问》进一步解释说：天地之间因为有阴阳，有生气和活力，所以空中的大气才会呼呼流动以成风，草木才能欣欣向荣而生长。天地间有风、寒、热、湿、燥这些无形的元气，有金、木、水、

火、土这些有形的物质。“气”和“形”相交，就生成色彩缤纷、丰富多彩的万事万物了。总之，“人生有形，不离阴阳，天地合气……万物并至”。从那一望无际的太空，到运转不息的日月、星辰；从寒来暑往、周而复始的季节变化到生生不息的动物、植物，其生命的源泉都是阴阳的“幽显既位”。

基于对地理环境的这一总体认识，清代《地理求真》一书总结说：“盖太极判而分两仪，宇宙间事事物物无一不在阴阳之中，斯无一不在生气中也。浮而上者阳之清，天气之所轻灵也。降而下者阴之浊，地气之所重质也。向使天地二气不能相交，则阴阳无媾合之情，万物则不能生育。语所谓孤阴不生、独阳不长是也……阴、阳配合，气机由此胎息而谓与。”

阴阳相推、刚柔相摩、动静相继即宇宙生生不息的变易。这种观念，孔子、老庄已倡其端：“子在川上曰：逝者如斯夫，不舍昼夜。”“物之生也，若骤若驰，无动而不变，无时而不移。”万物无时无刻不处于变化发展之中。“在天成象，在地成形，变化见矣。”“日新之谓盛德，生生之谓易。”它为道屡迁、变动不居、周流六虚、上下无常、刚柔相易、唯变所适，形成日新月异的变化。即“日中则昃，日盈则食，天地盈虚，与时消息”。“易穷则变，变则通，通则久。”真是“通其变遂成天下之文”。

最能体现《易经》“生生之谓易”的即“生动”和“生气”两个观念也是地理学的思想。“生动”是地理环境景观的外部形象。“生气”也即气韵，是自然与社会环境保持生生不息的活力。“生动”一词又可分开来解释，“生”即生长，“动”即运动，生长不能脱离运动，有运动才有生长，它必须具有如大自然那样生生不息的运动感，纵横挥洒或流动飘逸的毫无滞碍的流动感，或如“曹衣出水，吴带当风”，或如“流电激空，惊飙戾天”。

虽然物体都是由阴阳结合生成，但它们的成分与结构不同，所处的位置与层次也不同。阴阳结合则为太极，它是生命的种子。《易经》里说：“一阴一阳谓之道。”阴阳互补依存，具有均衡、和谐、对称、协调的机制。“《易》以天地为准，故能弥纶天地之道。仰以观于天文，俯以察于地理，是故知幽明之故。原始反终，故知死生之说，精气为物。”其意思是：《易》客观而严密地反映了天地构成和运动变化的道理。人们懂得了这个道理，且借它来仰观天文、俯察地理，探知其中或幽或明的奥秘，追溯事物的起始，跟踪其发展的轨迹，直至终了。中国古代的地理学思想，就是以此为源发展起来的。因此，阴阳变异、生生不息是中国古代地理学思想的特点之一。

天人合一

中国古代的地理思想，萌发的时代已久远，从考古发掘的证据“天人合一”，已经有6400多年了。其构思独特，内容博大。“天人合一”“天人感应”“人地合谐”等是其核心理论。

中国古代天才的地理思想是偏长于对大地整体作一有机的直透内部、心物共鸣的体察。“法天象地”“天垂象，圣人则之”是这种体察的领悟与思考。地理思维的交点，在于天、地、人三者，即“三才”间共同一贯的联系与道理。这种宇宙人生的心性探密可称为“天人合一”说，大致包含以下内容。

1. 人的心性与天地感应相通

天、地、人是“三才”，为一有机整体。《吕氏春秋·情欲》说“人与天地同”。人能参天地、效法天地。天运有转旋而地气应之，地运有推移而天气从之，天气动于上而人的心性行止应之。因此，有天理则有地理，推天道以

地理风光

明人事，即“天人一理”。《史记·乐书》也说：“乐者天地之和也；礼者天地之序也。”“圣人作乐以应天，作礼以配地。”又说：“奋至德之光，动四气之和，以著万物之理。是故清明象天，博大象地，始终象四时，周旋象风雨。”“夫歌者，直已而陈德，动已而天地应焉，四时和焉，星辰理焉，万物育焉。”这是天人相通，如影之随形。这表现出“天人一理”，“循天理诚为地理之根”。孟子认为：“尽其心者，知其性也。知其性，则知天矣。”人的心性与天原为一理一体。董仲舒提出“天人之际，合而为一”，认为天道与人事，自然界与人类社会存在密切的联系，有许多地方是相类相通的。人的秉性，来自天赋。

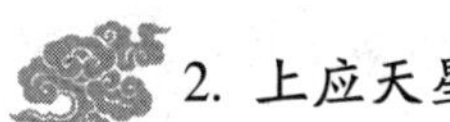

2. 上应天星

中国古代地理思想认为，如果天上的星星发生了变化，就会引起地下人类生活环境和心理的相应变化。天上的星座与地下的州域相对应。例如，《青囊经》说：“天上有五星，地下有五行。天分星宿，地列山川；地行于地，形丽于天。天有象，地有形。”这说明了人类社会的思维、心性和结构，都是从自然中得来的。《周易》说：“易以天地为准。”这一思想在地理观念中得到了更好的发展，进而认为地表的山川、州域与天上不同区位的星体相对应。例如，天上东有苍龙在九天，谓之苍天；其下有东岳；天上北有玄武为玄天，其下有北岳；天上南有朱雀为炎天，地下有南岳；天上西有白虎为昊天，其下有西岳；天上中有北极为均天，地下即为中岳。在天上有天河天汉，而地下有长江、黄河。天上有四垣九野，地下即有垣局以造王城，有分土以域九州。在古代，天空星座被分为五个部分，即东、西、南、北、中，被称为五宫。中央是中宫，包括三垣：上垣太微垣，即星宿、张宿、翼宿和轸宿以北的天区。中垣紫微垣，即北极周围，包括我国黄河流域一带地区常见不没的天区。下垣天市垣，即房宿、心宿、尾宿、箕宿和斗宿等以北的天区。在这三垣中，每垣都以若干颗星作为框架，其作用如同围墙，将三个天区的范围界定出来，故称垣。在这三垣中，紫微垣是天空的中心，即天帝居住的地方。所以，人间天子所居住的宫殿也被称为紫微宫、紫禁城。正是因为这个原因，古代堪舆家在选择国都的时候，其国都所在地形必须要符合地三垣。这种做法不仅说明了受有机论自然观的影响，而且还是对皇权天授或皇权神授的思想的服从。《人子须知》说：“帝都乃至尊之地，地理之大莫先于此，必上合

天星垣局，下钟正龙王气，然后，可建立。”例如北京，后面是燕山，如同天上的华盖，而前面被黄河所环绕，如同天上的御沟，太行诸山在其右，海中诸岛、辽东半岛、山东半岛在左护卫，而中间则是中原大地，南面有秦岭、大别山与之相对应，形成垣局，这足以证明了北京是一块非常理想的风水宝地。在中国古代传统的文化观念中，自然与人是相互感应的，而且在很多时候是相通的。天、地、人这三大系统被称为“三才”，它们共同组成一个统一的机体。而这个机体的主要体现就是都城和国家。因此在建造城市进行选址的时候一定要考虑规划布局与天文和气象之间的关系。中国古代文化的最高原则就是组成一个有机的景观生态系统。《史记·天官书》说：“众星列布，体生于地，精成于天，列居错峙，各有所属，在野象物，在朝象官，在人象事。”这将天人相应的观念在秦都设计中充分展现出来。

代信宫而起象征天极的阿房宫，是一座巍峨宏大的朝宫，帝王朝会、庆典、决事都在这里举行。“前殿阿房，东西五百步，南北五十丈，上可坐万人，下可以建五丈旗。周驰为阁道，自殿下直抵南山。表南山之巅以为阙。自阿房渡渭，属之咸阳，以象天极。”前殿遗址在今西安市西三桥镇南，夯土迤逦不绝，东西长1300米，南北宽500米，建筑基址至今仍高出地面10米以上，可以想象当年宫殿的宏伟。不仅宫苑如此，陵墓亦不例外。据文献记载始皇陵“以水银为百川江河大海，机相灌输，上具天文，下具地理”。“天为穹窿，上设星宿，以象天汉银河；下百物阜就，以象地上万物。”这又是一个完整的宇宙缩影。

秦都这与天同构的宏图，充分显示了秦帝国与日月同辉的政治气魄和博大胸怀，是王权集中的思想在都城建设上的具体反映。当年刘邦入咸阳看到秦都的壮丽情景时，不禁赞叹道：“大丈夫当如此也！”

明堂是古都不可缺少的建筑。与此一脉相承，汉代《白虎通》也记载：“明堂上圆下方，八窗四达。布政之宫在国之阳。上圆法天，下方法地。八窗象八风，四达法四时，九室法九洲，十二坐法十二月，三十六户法三十六旬；七十二牖法七十二候。”这反映了中国古代认为天地自然是个大宇宙，城与明堂是个小宇宙的观念。

北魏著名的地理学家郦道元在《水经注》里记录当时都城中的明堂：“明堂上圆下方，四周十二户九堂，而不为重隅也。室外柱内绮井之下，施机轮、饰缥，仰象天状，画北辰列宿象，盖天也。每月随斗所建之辰，转应天道。”

今人建成的阿房宫

这一“法天象地”的古都规划思想形成东方文化的城都特征。

世传文献中将“斗为帝车”的思想应用到古都建设当首推《三辅黄图》。其中记录了秦始皇筑咸阳城时的经过，说：“二十七年（220 年）作信宫，已而更命信宫为极庙，象天极。”当时信宫的形制是象征北极星的。“始皇穷极奢侈，筑咸阳宫，因北陵营殿，端门四达，以制紫宫，象帝居。”

“紫宫”之称，帝王所居，秦汉及唐代皆有之。汉唐并有“紫耀门”的皇宫门名。诗人王维曾有“芙蓉阙下令千官，紫禁朱樱出上阑”的诗句。

从天空的紫微垣到都城的紫禁城都是宇宙象征主义的杰作。在中国古代传统的思想观念里，天上的星空主宰着世间人类的命运，天空也形成等级森严的王国。北极星、北斗星所处的拱极一带是天球众星环绕的中心。

《水经》与《水经注》

北魏时期，出现了一部宏大的地理著作，它的出现给中国后来的地理学和史学发展都带来了深刻的影响，被清代地理学家刘献廷誉为“宇宙未有之

奇书”。这部书就是郦道元的《水经注》。

郦道元（467—527 年），字善长，北魏范阳涿鹿人。在他少年时期就特别喜欢读书和外出游览，其中最喜欢的书籍就是地理方面的。在其成年之后，在很多地方做过官，足迹遍及长城以南、淮河以北广大地区：他到过平城；观看过白道城附近的阴山脚下的流泉；在比阳考察过水系；在鲁阳考察过汝水上源。除此之外，他还去过安徽寿县八公山、山东半岛等地。每到一处，他都会向当地居民细细了解该地的历史地理情况。

通过阅读大量史料和进行实地考察，郦道元写成了《水经注》这部巨著。北魏延兴二年，也就是公元 527 年，郦道元被任命为关右大使，在其赴任的路上，被叛将雍州刺史萧宝寅派兵杀害在阴盘驿亭，也就是现在的陕西临潼县东。

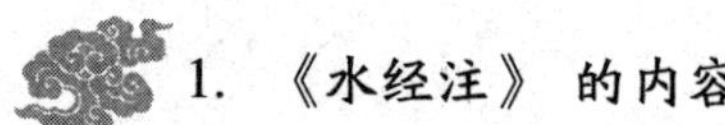

1. 《水经注》的内容

相传在三国时期有一部简略的水道著作《水经》，其中记述了全国 137 条主要河流。因为其内容比较简单，所以，郦道元决定对其进行注解，以进一步扩大其内容。于是征引 400 多种文献资料，然后将自己实地考察所得加入其中，而撰写成了《水经注》一书，共计 40 卷，30 多万字（其中在宋代的时候已经佚失五卷，我们现在所见到的 40 卷本为后人分析其他各卷而成）。就这样，《水经注》一书在名义上是为《水经》作注，而在形式上采取了以《水经》内容为纲，分列单句注释的方式，也就是《水经》之语成为书中的“经文”，在每句“经文”下面都有注释考证等内容，这些内容就是“注文”。当然，这些注文在叙述上也是有所区别的：凡水道流经之地，“经文”用“过”，只举大都会之名；而“注文”则用“迳”，而且采录大小城乡郡邑繁多之名；“经文”的郡县之名只为当时地名，而“注文”则兼及沿革变迁。虽然，书中“经”“注”在形式上存在很大差别，但从整个体系上看，“经”“注”却是浑然一体：“经文”犹如大纲提携，“注文”正如众目附系，成为一部独立完整的地理著作。在具体记述内容上，《水经注》主要是以水（河流）为纲，记述河流的发源、流经、汇入，并兼及河流的水文、变迁等情况，以及大量地貌、植被、土壤、物产、人口、交通、风俗、政区沿革、历史掌故等方面的丰富内容。总之，《水经注》不仅是水道记述，而且几乎涉及了当时社会及地理知识的各个方面，是一部包括自然地理、人文地理、历史沿革

地理等内容的综合性地理著作。

2. 《水经注》在地理学史上的地位

（1）《水经注》虽然是中国6世纪时的一部地理著作，但它所包含的丰富的地理内容，却是古代地理著作中空前绝后的。

就《水经注》的记述范围来说，它记述了北自安州（今河北隆化），南至日南郡（今越南中部），东至海，西达印度这一广大地区的河流及人文地理情况。主要包括了中国的滦河、海河、黄河、山东半岛诸河、淮河、长江、珠江、塔里木河、元江（红河），以及印度河、恒河等流域的1252条河流。据统计，现存的《水经注》残本记载的湖泊至少有560个、瀑布60多处、温泉20多处，总记湖泊、陂泽、河渠水道等水体2596个。估计原书记载至少在3000个。这样宏大的内容，在中国古代地理著作中可以说是空前绝后的。例如，清初黄宗羲的《今水经》，所记河流仅304条。清中叶齐召南的《水道提纲》虽然记载的河流达8600多条，但它是包括了清代比北魏更广大地域的水系。而就《水经注》与《水道提纲》都记述的渭河水系来看，《水经注》记述直接入渭的一级支流就有105条，而《水道提纲》只有38条。因此，就水文地理资料而言，《水经注》的记述确实在我国古代地理著作中是无可比拟的。况且它在水系之外，还包括了丰富的其他自然地理（地形、气候、土壤等）、人文地理、历史地理等内容，这也是古代地理著作中十分罕见的。

自然地理学水经注

（2）由于《水经注》引用了众多的古代典籍史料，加之其内容丰富，所以它一出现就引起了史地学界的极大关注，并对后代的舆地学和历史地理研究产生了很大影响。从唐代李吉甫撰写全国地理总志《元和郡县图志》，到后来杜佑的《通典》、宋代郑樵的《通志》等，都不断引用《水经注》的内容以编订地理志书。明清学者著地志，更是引用不疲，视之为圣经贤传。就是近代历史地理学者复原考论古代地理情况，也仍然以

《水经注》为重要依据。特别是后人还仿《水经注》体例撰写地理著作，形成我国古代地理著作著述中一种独特的写作体裁。

（3）形成了专门从事《水经注》研究的“郦学”学派。在《水经注》出现不久，史学界就对它本身的刊印、文字校理给予极大关注。从宋代至明清竟在学术界形成一个以校注整理《水经注》文字为主的“郦学”学派，如戴震、赵一清、杨守敬等。至今专注《水经注》的仍然代不乏人，而且兴起从地理学角度去研究、分析《水经注》各项地理内容的新趋势，进一步丰富了“郦学”的研究内容。

《诗经》中的地理知识

《诗经》是我国古代最早的一部诗歌总集，大约是周初至春秋中叶的作品，编成于春秋时代，共305篇。分为“风”“雅”“颂”三大类。“风”有十五国风，“雅”有《大雅》《小雅》，“颂”有《周颂》《鲁颂》《商颂》。后人研究《国风》部分，大都是民间诗歌。《小雅》为西周王朝宴享时用的诗歌。《大雅》为西周王朝祭祀时用的诗歌。《周颂》为西周王朝祭祀和宴会的乐歌。《商颂》《鲁颂》也多是祭祀和宴会的诗歌及乐章。《诗经》产生的地区，在今天的陕、晋、豫、鲁、鄂诸省，亦即黄河中、下游及长江中游地区。

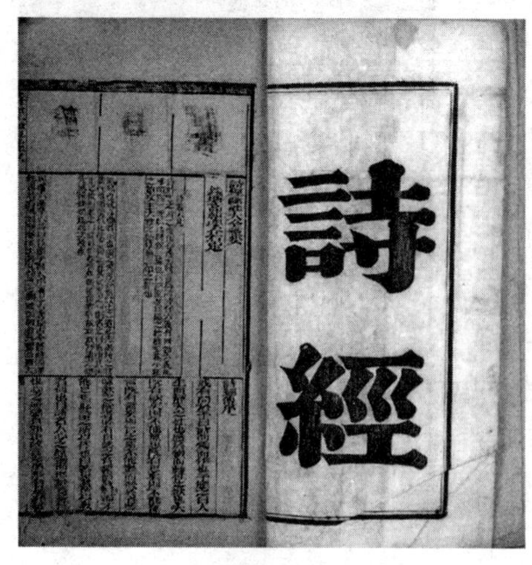

诗经堪称百科全书

《诗经》中的《大雅》《小雅》及《周颂》诸篇，可以看作西周奴隶社会晚期的信史，大体能够反映这一时期社会各方面的概况。同样，我们也可以从中大致了解到这一时期的地理知识的发展情况。

相传周始祖后稷居邰（今陕西武功县）。周初的政治中心，在黄土高原西南部泾水流域（今陕西岐山、扶风一带）。所谓“周原”是王季以后，政治中心移到渭水流域，以镐京（今长安县）为中心的王畿，方圆约千

里。武王灭殷以后，势力又向东扩到黄河下游。王畿以外，封国达一百四十余。

西周时代（公元前1122—公元前771年），农业较商殷时代又有了进一步的发展，加上军事及政治上的需要，积累了较商殷时代更为丰富的地形、水文、气候以及土地整治等方面的知识。在《大雅》《小雅》及《周颂》诸篇中，都有所记载。

1. 自然地理知识

水文知识

《诗经》中除了记载有甲骨卜辞中的川、河、泉等水体外，还记载有下列更多的水体类型：

①“涧”。《召南·采蘩》：“于涧之中。”《说文解字》释：“涧”，“山夹水也”，是山间溪流。

②“沼”。《召南·采蘩》：“于沼于沚。”“沼”就是小水池。

③“泽”。《陈风·泽陂》：“彼泽之陂。”“泽”就是聚水的洼地，也就是沼泽。

④“江”。《召南·江有汜》：“江有汜。”《说文解字》释：“江”，“从水工声”，系指长江而言。正如甲骨卜辞中的“河”有时专指黄河一样。

⑤“汜”。《召南·江有汜》：“江有汜”的“汜”，汉初成书的《尔雅·释水》解释：“决复入为汜。”《说文解字》解释：“汜”，“水别复入水也”。这是指由主流分出的支流而言，在河曲发育的地带是牛轭湖。在河流注入湖、海处则是辫状水系中的支流。

⑥“沱”。《召南》：“江有沱。”《说文解字》释：“沱”，“江别流也”。小水入于大水，支流汇入千流叫“沱”。如长江的支流沱江。

对于河水的深浅部位，也分别定名。河川深水部位名“渊”，如《小雅·鹤鸣》：“鱼潜在渊。”《易经·乾卦》：“或跃在渊。”渊就是深潭。对于河川的浅水部位名“渚”，《召南》：“江有渚。”王先谦解释：“水中小洲曰渚。洲旁之小水亦称渚。”

对于流水的一些水文现象，也分别予以区分定名。风成大波叫做“澜”，（《诗经》：“河水清且澜漪。”）风成小波叫做“沦”。（《诗经》：“河水清且沦漪。”）

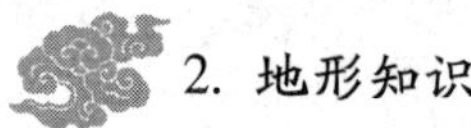

2. 地形知识

周人活动于泾水流域、渭河流域及黄河下游，与河水为伴，对流水的动力作用及流水地貌，都有较深刻的认识。

《唐风·扬之水》中说："扬之水，白石凿凿。"（侵蚀）

《小雅·四月》中说："相彼泉水，载清载浊。"（搬运）

《邶风·谷风》中说："泾以渭浊，湜湜其沚。"（沉积）

这是我国古籍中有关流水作用（侵蚀、搬运与沉积）的最早记载。流水的侵蚀、搬运与沉积等外动力作用，形成流水地貌。我国西北黄土高原，受流水切割，形成塬、梁、峁等地形及沟、谷等负地形。塬是黄土高原上四周被沟谷切割的黄土高原面部分，地势高，面积广，地面平。梁是两侧为沟谷切割的长条形的黄土丘陵。峁是四周为沟谷切割的椭圆形或圆形的黄土丘陵。都是黄土塬被流水切割的残留部分。《诗经》中对黄土高原地形的记载，有下列几种类型：

①原。周人所说的"原"包括黄土塬和河流冲积阶地，后者是流水堆积地貌。《大雅·公刘》"于胥斯原"的"原"，就是指今天陕西省旬邑一带的黄土塬而言，是公刘迁都的所在。当时称做"豳"。《大雅·绵》中"周原膴膴的""周原"，是指今天陕西省岐山县一带黄土塬及渭河北岸的冲积阶地而言，是古公亶父避昆夷的侵略而迁都岐下的所在。当时称做"岐"，是在土壤肥沃、水泉最浅的三道塬上。大的黄土丘陵叫做"阿"（《小雅·菁菁者莪》："在彼中阿。"），丘的一坡称做"丘阿"（《小雅·绵蛮》："止于丘阿。"），丘的一角称做"丘隅"（《小雅·绵蛮》："止于丘隅。"），丘的一旁称做"丘侧"（《小雅·绵蛮》："止于丘侧。"）。

②山。《大雅·皇矣》："帝省其山。"《小雅·天保》："如山如阜。"《小雅·信南山》："信彼南山。"对山地组成物质及形态描述为："节彼南山，维石巖巖。"（《小雅·节南山》）

③阜。是大的土山。《小雅·伐木》："如山如阜。"《小雅·吉日》："升彼大阜。"

④陵。是大的阜。《小雅·伐木》："如冈如陵。"《小雅·菁菁者莪》："在彼中陵。"山顶称做"巘"。（《大雅·公刘》："陟则在巘。"）

⑤冈。《小雅·正月》："谓山盖卑，为冈为陵。"

《诗经》中除了有关陆地地形类型的记载外，还有河床地貌记载：

①河岸。河流的北岸就是河谷的向阳坡。《诗经》中最早称做“阳”。《小雅·六月》中载：“至于泾阳”，即泾水北面。

②渚。水中小洲。这是流水堆积作用形成的河床微地貌。《小雅·鹤鸣》：“鱼潜在渊，或在于渚。”（洲旁小水）

③浒。这是水岸。《大雅·江汉》：“江汉之浒。”《大雅·绵》：“率西水浒。”

④诶。这是水边。《大雅·大明》：“在渭之涘。”

周人已能认识到地形是自然形成的。《周颂·天作》：“天作高山，大王荒之。”《小雅·十月》记载周幽王六年（公元前776年）一次雷雨后，导致大规模滑坡（或诱发地震）而引起的地形变化：“百川沸腾，山冢奉崩，高岸为谷，深谷为陵。”高山受到外力作用（风化，剥蚀，侵蚀）也可以逐渐变为低冈丘陵。《小雅·正月》：“谓山盖卑，为冈为陵。”地势高低，在一定条件下，是可以互相转化的。

3. 土地利用知识

周人已经很重视因地制宜利用土地。《大雅·生民》一篇，就是歌颂周始祖后稷发展农业生产的功绩。西汉初期的陆贾说：“后稷乃列封疆。画畔界以分土地之所宜；辟土殖谷，以用养民；种桑麻，致丝枲，以蔽形体。”《大雅·公刘》是歌颂公元前1801年至公元前1707年间后稷子孙公刘率领人民由部（今陕西省武功县西南）迁居豳（今陕西省栒邑县一带）定居和进行农田水利规划以发展农业生产的功绩。

公刘率众迁居豳地（《公刘》：“予胥斯原。”）的第一步工作就是登上高地下到平原（《公刘》：“陟则在巘，复降在原。”），考察地形（《公刘》：“瞻彼溥原。”）和水源（《公刘》：“逝彼百泉。”）。然后根据山原的南北寒暖差异及水流所经，规划耕地、排灌系统和居民点。（《公刘》：“既景迺岡，相其阴阳，观其流泉，度其隰原。”）公元前1331年至公元前1327年间，古公亶父迁岐，也是首先考察地形，规划耕地和疆界。（《大雅·绵》：“周原膴膴……迺慰迺止。迺左迺右，迺疆迺理。”）

在原的坡地，就开辟成“阪田”。（《诗经·小雅·十月》：“瞻彼阪田。”）“阪田”可能是梯田的雏形。这是我国古籍中最早记载对坡地的利用，是因地制宜保持水土以发展农业生产的一种改造自然的措施。

周人也很重视兴修水利以发展农业。《大雅·绵》中的“迺疆迺亩，自西徂东。”夏纬瑛（1981 年）认为就是顺着渭水自西而东的流向对农田建立排灌的畦畴与小沟。《小雅》中记载：“滮池北流，浸彼稻田。”汉人郑玄考证，当时西周建都丰镐（今西安市西南），滮池是渭水支流的上源，在咸阳县南，由北而南注入渭河，利用滮池水灌溉稻田。

原始的小型沟洫灌排系统水利工程的建立，使大河流附近地区成为当时的主要农业经济区。

4. 地图的出现

地图是地理的语言，是系统的地理知识的实录。我国古代早就有了地图的制作。《左传》记载：“（禹）铸鼎象物，百物而为之备，使民知神奸，入山林不逢不若。”《汉书》也记载：“禹收九牧之金，铸九鼎，象九州。”三代（夏商周）时奉九鼎为传国之宝，战国时失传，就是传说中的《九鼎图》。《诗经·周颂》记载：“于皇时周，陟其高山；坠山乔岳，允犹翕河。”东汉经学家郑玄解释“犹”即图，就是按照所绘的山川，依次祭祀。此外，《尚书·洛诰》是记述周公卜建洛阳城的故事，其中亦有关于利用地图的记载：“伻来以图及献卜。”《周礼》记载周代官制中有“职方氏”，职责是佐国安邦，掌天下之图。地图且有多种，有《土地之图》《兆域之图》《九州之图》《金锡玉石之图》。

西周金文《散氏盘铭》中，也有关于地图的记载。内容是有关土地转让、勘定地界，绘成地图。散氏在豆这个地方的新宫东廷，由矢王那里收受了这种地图。

不过迄今为止，还未曾发现先秦时期制作的地图。

第二章

中国古代地理学家

在中国科技发展史上，地理学家占有十分重要的地位。他们如星汉璀璨，群英荟萃。他们的业绩和成就，丰富了我国科学知识的宝库，为我国文化科学增添了光彩。在这些学者中有游踪广远、发奋著述、写出最早的经济地理学的史学家司马迁；有注释《水经》、考源辨流、深入研究水道地理的郦道元。他们敢于探索、勇于创新的精神，值得我们每一个人学习。

第一节 中国早期地理学家

司马迁

司马迁是我国古代一位伟大的文学家和历史学家，同时也是一位著名的地理学家和旅行家。他的杰出著作《史记》，鲁迅先生曾誉之为“史家之绝唱，无韵之《离骚》”。他首创的本纪、年表、世家、列传等修史体例，成为后世历代正史学习仿效的典范。他精炼铿锵的文辞，是我国传记体散文的楷模。他撰写的《货殖列传》和《河渠书》，就其内容而言，可以说是中国经济地理学的滥觞。作为著名旅行家的司马迁，他的足迹遍及中国南北各地，这些旅行游历活动使他扩大了眼界，增长了见闻，加深了对社会的了解，增强了对祖国山河的热爱。

司马迁字子长，汉景帝中元五年（公元前 145 年）出生在左冯翊夏阳县（今陕西省韩城县芝川镇）。这里是黄河流经的地方，北面不远的龙门，河窄水急，气势磅礴；龙门以下，水流变缓，改向东流。这一近山临河的地理形势，正好激发了少年时代司马迁的理想和幻想。

司马迁的先祖传说是颛顼时代的重黎氏，到周宣王时代成为司马氏。秦代的司马错就是他的直系祖上。他的父亲司马谈，是一位博学的太史公，他曾经“学天官于唐都，受易于杨何，习道论于黄子”。在天文历法、诸子百家、文学、历史方面都有很深的造诣。汉武帝建元年间（公元前 140—前 135）他做了朝中的史官。司马谈曾搜集了大量的资料，准备系统撰述我国从远古到汉代的历史。武帝于元封元年（公元前 110 年）到泰山举行封禅大典，司马谈因病未得从行，他认为是一件很大的憾事。临终前把撰史的事业嘱托

给司马迁，要司马迁继承他的未竟事业。

由于司马迁出生在这样一个史官家庭中，使他从小受到了很好的教育。“年十岁则诵古文”，还向当代名流请教，从董仲舒学习过《春秋》，从孔安国学习过《尚书》。另外还广泛阅读了诸子百家以及大量史学著作。他时刻牢记父亲临终时的嘱咐：“余先，周室之太史也。自上世常显功名，于虞、夏掌天官事。后世中衰，绝于余乎！汝复为太史，则续吾祖矣！余死，汝必为太史，无忘吾所欲论著矣！”司马迁曾坚定地表示：“小子不敏，请悉论先人所次归闻，弗敢阙！”先父的临终遗命，就成了司马迁以后发奋著述的重要思想动力。

司马迁为了“纵观山川形势，考察风俗，访问古迹，采集传说”，早在武帝元朔三年（公元前126年），也就是他20岁的时候，便开始了他的旅游考察。他从京都长安起程，出武关（今陕西省商县东），经南阳（今河南省南阳市），至南郡（今湖北省江陵县），然后渡长江，泛洞庭，来到了屈原的家乡，凭吊了楚国伟大的爱国诗人屈原投江自沉的地方——汨罗江。诗人屈原的爱国思想和不幸遭遇，引起了司马迁的深切同情与怀念，使他感叹再三，久久不忍离去。他从这里继续南下，登九嶷（湖南省宁远县境内），考察和访问了虞舜南巡和埋葬的地方。九嶷山又名苍梧山，因有九峰，峰岭相似得名。传说远古舜南巡狩，崩于苍梧之野，葬于九嶷。至今尚有舜庙遗址和碑刻文物。庙后的山峰就称为舜源峰。满山的斑竹，更有着动人的传说，传为舜妃娥皇、女英哭舜时泪水溅成。庙前的山峰，便是娥皇、女英二峰。

司马迁从湖南折向东北，登上苍茫奇秀的庐山，俯瞰了滔滔东流的长江和碧波万顷的鄱阳湖。访问了禹疏九江的古迹，采集了传说轶闻。由此跋山涉水，到了浙江，“临会稽，探禹穴”，游览了禹陵和禹庙，登上了禹会诸侯的会稽山，缅怀大禹舍生忘家与洪水斗争的英雄事迹。然后北上姑苏，观览了春申君黄歇营建的宫殿和故城，访问了这个物阜民丰的鱼米之乡的风土人情。这里水网密布，湖泊星罗，与他家乡黄土高原的景色迥然不同，形成了鲜明的对照，给司马迁留下了深刻的印象。游历了江南以后，司马迁又渡江北上，来到淮阴。淮阴是汉初名将韩信的故乡，也是韩信后来封侯的地方。青年时代的韩信，曾受过乡里恶少的胯下之辱，也曾向“漂母”乞食讨饭。但是韩信有着远大的志向，他刻苦学习兵法，钻研战术，终于成为一代名将，帮助刘邦打败了项羽并建立了汉朝，立下了赫赫战功，而荣封王侯。许多生动的有关韩信生活与活动的传闻，成为后来司马迁描写这位汉代名将的宝贵资料。

从淮阴北上，司马迁来到曲阜。曲阜是春秋时代鲁国的都城，是古代著名思想家、教育家孔子的家乡和讲学的地方。他详细参观了孔子的庙堂、故茔、车服、礼乐等遗迹、遗物，亲眼看到了儒生们读经习礼的情况。他向儒生们请教了有关的问题，还访问了孔子的轶闻轶事。司马迁越过泰山，来到临淄，访问了古代齐国的都城。临淄是一个商业发达文化繁荣的地方，这里曾经孕育了许多杰出的政治家和军事家，齐桓公、鲍叔牙、管仲、晏婴、邹忌、田单、孙膑等，都名噪一时，齐国的名胜古迹、风土人情深深地影响着年轻的司马迁。

游历了齐都临淄，司马迁便折而南返。沿途他又游历了峄山、薛城、彭城和丰、沛等地。访问了秦始皇南巡、孟尝君养士、项羽建都，以及刘邦、萧何、曹参、樊哙、周勃、卢绾等成长与活动过的地方，广泛搜集了他们的民间传说资料，在《史记》中，给这些人物描绘了生动鲜明的形象。

访问结束后，司马迁就经大梁（今河南省开封市）回到长安。在这次漫长的旅行游历中，司马迁大开眼界，丰富了知识，增进了对社会情况和风土人情的了解。旅行中艰苦的生活，也使他受到了很大的锻炼。如在访问薛城、彭城时，司马迁因旅费困窘，几乎无法维持生活，但是他始终坚定不移，毫不动摇，终于胜利完成了这次长途旅行的计划。

黄土高原

回京以后，司马迁做了宫庭中的郎中官，使他有机会跟随皇帝周游各地。武帝元鼎四年（公元前 113 年）冬十月，他跟随汉武帝祭雍州（今陕西凤翔县）、巡河东（今山西省夏县北）、访临汾（今山西省万荣县东），“瞻望河洛，巡省豫州”，然后南渡黄河，取道荥阳，回到洛阳。次年，又随汉武帝“行幸雍，祀五畤”，又西过陇坂、登崆峒山（今甘肃平凉西），经甘泉（今陕西省延安南）返回长安。这次经过的地方都是华

夏民族最早起源与活动的地区，群众中流传着许多关于黄帝、唐尧、虞舜、夏禹以及商、周的传说和轶闻，为他以后撰写《五帝本纪》《夏本纪》《殷本纪》《周本纪》，提供了充足的资料基础。

西行归来之后，司马迁又奉使到巴蜀以南，做联络西南地区少数民族的工作。这次出使的情况缺乏详细记载。旅行的路线，可能起于长安，经汉中（郡治当时在安康）、广汉（郡治在四川省金堂县）到蜀郡成都，然后西南到邛笮、昆明。这次远行，使他亲眼看到西南地区少数民族生产生活的具体情况及山川物产、风土人情，为后来写作《西南夷传》和《货殖列传》奠定了资料基础和生活基础。

武帝元封元年（公元前110年）春，汉武帝举行封禅大典，并做了一次长途巡行。司马迁得以随行。在祭嵩山（主峰在河南省登封县）以后，便来到山东泰山，举行封禅典礼。泰山又称岱宗，被尊为“五岳之长”。从秦始皇开始，历代皇帝往往在国势较强、国内安定、国库充裕的时候，到泰山举行封禅典礼，以宣扬自己的“功德”，仅汉武帝时代就封禅七次之多。封禅以后，汉武帝又巡海上，访碣石（今河北省昌黎县），至辽西（今河北省卢龙县东），折而西行，历北边，过沙漠，至九原（今内蒙古自治区五原县），于夏季五月间沿蒙恬兴建的“直道”，经甘泉返回长安。路程长达1.8万余里。至此，司马迁已游历了中原、西北、西南、东南、中南、东北的广大地区，真可称得上是一位伟大的旅行家了。

公元前108年（武帝元封三年），司马迁做了太史令。他凭着父亲的遗稿做写作《史记》的基础，同时有机会博览皇家丰富的图书典籍，于武帝太初元年（公元前104年）十一月，正式开始了《史记》一书的撰写工作，时年四十三岁。五年之后，正当司马迁殚精竭思、潜心著述的时候，不幸遭了“李陵之祸”，受了残酷的宫刑，使司马迁精神上和肉体上都遭受到严重的摧残。他痛苦绝望，愤不欲生。但又想到了父亲临终的嘱咐和历史上的故事，昔“西伯拘而演《周易》，仲尼厄而作《春秋》；屈原放逐，乃赋《离骚》；左丘失明，厥有《国语》；孙子膑脚，兵法修列；不韦迁蜀，世传《吕览》；韩非囚秦，《说难》《孤愤》；《诗》300篇，大抵圣贤发愤之所为作也”。他含耻忍辱，呕心沥血，坚持著述，焚膏继晷，经过了长期坚持不懈的努力，终于在武帝太始四年（公元前93年），完成了《史记》这部光辉的历史学著作。书成之后，由他的外孙杨恽保存，并传播于世。全书上起黄帝，下迄汉

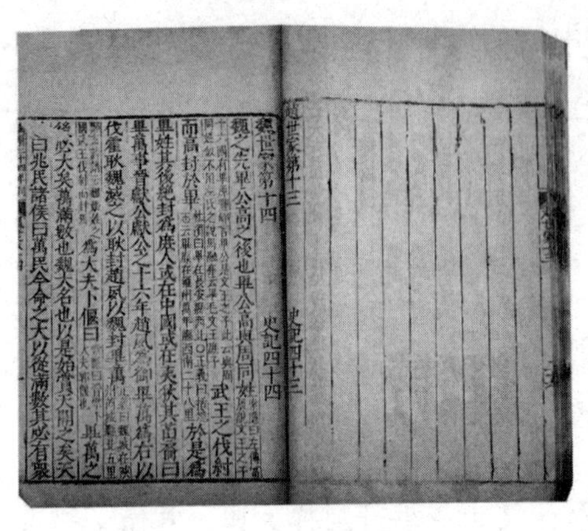

史记

武，上下三千余年，包括了我国古代的全部历史。全书设十表、八书、十二世纪、三十世家，七十列传，凡130篇，总52.65万字。内容涉及历史、地理、政治、经济、民族、文化及科学技术等许多领域，它不仅是一部杰出的史学巨著，而且是一部文学巨著和经济地理学的起例发凡。“百代而下，史官不能易其法，学者不能舍其书”，深刻地影响了我国历代学术的发展。

《史记》中的《货殖列传》和《河渠书》等部分，就其内容来说，实可谓我国古代经济地理学的创例。

在《货殖列传》中，司马迁详细记述了各地区不同的风土人情和经济状况。例如，他在描述关中平原时写道：“关中自汧、雍（二水名，皆汇入渭水），以东至河、华（黄河、华山），膏壤沃野千里……因以汉都，长安诸陵，四方辐辏，并至而会，地小人众。”“南则巴蜀。巴蜀亦沃野，地饶卮、姜、丹砂、石、铜、铁、竹、木之器。”西北地区又是另一种情况。“天水、陇西、北地、上郡（汉四郡名，前二者属凉州刺史部，后二郡属朔方刺史部）与关中同俗，然西有羌中之利，北有戎翟之畜，畜牧为天下饶。然地亦穷险，唯京师要其道。故关中之地，于天下三分之一，而人众不过什三，然量其富，什居其六。”这样不仅写出了各地的物产和经济状况，而且进行了地区间经济特征的对比，给人们留下了鲜明的印象。司马迁还用朴素唯物主义的观点，论述了士、农、工、商各业的社会意义，提出了对人类物质生产的看法。他说：众多物品，“故待农而食之，虞而出之，工而成之，商而通之”。“农不出则乏其食，工不出则乏其事，商不出则三宝绝，虞不出则财匮少，财匮少而山泽不辟矣。此四者，民所衣食之源也。源大则饶，源小则鲜。上则富国，下则富家。贫富之道，莫之夺予。”在2000年前的古代，司马迁有这样的唯物主义思想，是难能可贵的。

《河渠书》是八书中的一种，它主要记述了黄河流域的水利工程和水路交通，对于研究古代黄河流域的经济发展史和水利史，都有重要参考价值。此

外，司马迁写的《大宛列传》，材料主要来源于张骞的《出关志》，也是研究古代中亚历史地理的宝贵资料。

司马迁的一生，是刻苦学习、艰苦奋斗的一生，是胸怀大志、发愤著述的一生。他在《报任安书》中倾诉了自己的遭遇、心情和抱负，说自己在受刑之后，“所以隐忍苟活，幽粪土之中而不辞者，恨私心有所不尽，鄙陋没世而文采不表于后世也……仆窃不逊，近自托于无能之辞，网罗天下放失旧闻，略考之事，综其终始，稽其成败兴坏之纪，上计轩辕，下至于兹，为表切十表、本纪十二、书八章、世家三十、列传七十，凡百三十篇，亦欲以究天地之际，通古今之变，成一家之言”。这是多么伟大的抱负和崇高的精神。伟大学者司马迁不仅以自己的奋斗和实践，完成了《史记》这部光辉的史学名著，实现了成一家之言的理想，而且在我国史学和文学的发展史上，树起了一座宏伟的丰碑。而他本人也赢得了国内外学术界的尊敬和赞扬，成为世界学术史上一颗灿烂的明星。

为了纪念这位伟大的学者，在他的家乡韩城县内修建了司马太史祠。祠初建于西晋永嘉年间（307 年），宋代治平年间（1068—1077 年）又进行了扩建。祠堂用砖石精工砌成，高大的祠堂内，塑有高约一丈二尺的太史公司马迁的彩色塑像。祠堂四周镶嵌着五十九块记载司马迁身世和赞颂司马迁功绩的碑刻。祠后是司马迁的八卦墓。解放后又对祠堂进行了修缮。为了更好地保护古代文物，文管部门还计划把其他几座古代建筑也迁建到韩城司马太史祠附近来，使这里形成一个古代建筑群体，供人们参观瞻仰。现代诗人郭沫若 1958 年曾写下了这样的诗句：“龙门有灵秀，钟毓人中龙。学殖空前富，文章旷代雄。怜才膺斧钺，吐气作霓虹。功业追尼父（孔子），千秋太史公。”这可说是人民对司马迁的最好评价。司马迁的崇高精神和伟大著作——《史记》，将在我国学术史上永放光芒！

郦道元

《水经注》是我国 6 世纪初的一部以水系为纲领和坐标来记述全国地理事物分布的著作。准确的方位和距离，表现了当时对地理位置记述的精确性。它在记述我国 137 条河流水道的古籍——《水经》的基础上补充记述，使河流水道增加到 1252 条，注文 20 倍于原文。此书是我国古代地理知识的总结，流传到现代全书有三十余万字（原书40卷，到宋代亡佚5卷，今本为后人重编，也40卷），内容相当丰富。1500多年来，研究《水经注》的学者如林，形成了一门专门的学问，叫做“郦学”。

 1. 成书的时代

关于《水经注》的成书时代，大致有以下几种看法：

（1）传统的观点认为《水经》为汉代桑钦撰，郭璞注。而《隋书·经籍志》录有：“《水经》三卷，郭璞注。”

宋代晁公武《郡斋读书记》说：“《水经》四十卷，汉桑钦撰，成帝（公元前32—公元7年）时人。”

而现在经研究证实，《水经》所举郡县，西汉、东汉兼而有之，甚至个别的郡县，还有曹魏时期的。据此，认为“《水经》是西汉编定的书”，这一说法受到强有力的挑战。

（2）近些年来，侯仁之教授等依清纪昀、载震之说，提出：“大约在三国（221—279年）时候，有人写成《水经》一书……到了公元5世纪，郦道元为《水经》作注，补充记述河流水道……注文20倍于原文。”陈桥驿教授也说:“《水经注》是北魏延昌、正光间（515—524年）郦道元撰述的一部地理著作。从书名来看，它仅仅是《水经》的一种注释，但这部完成于三国时代的《水经》，内容非常简短……”

郦道元塑像

（3）而王成祖教授另有新见，他认为“从《水经注》的内在特征来衡量，《经》与《注》可能是郦氏一家之言”。理由是郦道元的“水经注序”中只说：“窃以多暇空倾岁月，辄述《水经》布广前闻。”据此解释，认为“全书的经、注同出于他一人之手”，为此“提出经、注全是郦氏一手编成的主张”。

应该说，《水经》一书原出于汉代桑钦之手，后来到了东晋时代又由郭璞（276—

324年）补注校订，补的注文较少，所以东、西汉及曹魏时期的地名在经文当中出现了一些。到了北魏延昌、正光间（515—524年）郦道元在前人《水经》基础上，详加注释，完成《水经注》一书。

2. 郦道元简介

郦道元（465—527年），字善长，北魏范阳涿县（今河北省涿县）人。现在当地还有“道元村”，原建有纪念他的祠堂。他出生在一个世代官宦的家庭，父亲郦范随侍东宫，官至东平将军、青州刺史、永宁侯。郦范70多岁死于孝文时期（471—500年），由郦道元承袭永宁侯爵位，从此走上仕途。

郦道元自幼随父赴任，临抚东秦、道光海岱。旅居东齐，遍游淄水、巨洋水（今弥河）两岸山水，登临渤海之滨，以观沧海。又游淄水上游，伫立于瀑布飞流之下，涛声轰鸣，空谷传响。当他走上仕途之初，可能住在当时北魏繁华的首都——平城（今山西大同）。这里宫殿楼台相接，庙宇林立、建筑宏伟、极工尽巧。云岗、武州一带的石窟寺，因岩结构、富丽堂皇、世法所稀。山堂水殿，烟寺相望。旅行生活大大增长了他的见识，开拓了他的心胸，也彻底改变了他“少无寻山之趣，长无问津之性”的性格。相反，他的行动表明其“搜渠访渎”的性趣是很浓的。

太和十七年（493年），郦道元作为孝文帝侍从，随行出巡。到了并州（山西太原）、洛阳（河南洛阳）、邺城（河南安阳北，河北磁县）、蒲地（山西蒲州渡口）、朔州（山西朔县），北面一直沿着阴山到了沃野镇。

之后，郦道元出任地方官，景明中（500—503年）为冀州镇东府长史，后为河南尹，曾又代理鲁阳（今河南鲁山县）郡守。武帝延昌四年（515年）任东荆州刺史。孝明帝后又招郦道元“持节兼黄门侍郎”驰驿边郡。他长年因宦游，北至阴山，南到汉水、淮河，西到华山，东至山东半岛、渤海之滨。其中特别是黄河流域、海河水系、汉水一带的汾水、文水、晋水、洙水、泗水、淄水、武州川、桑干河、漯水等都保留下了他地理考察的足迹。他所到之处，“脉其枝流之吐纳，诊其沿路之所躔（兽走过的足迹），访渎搜渠，缉而缀之”。“舟车所届”“访其民宰”，证古观今，研究地理环境的特征与变迁，为《水经注》的写作打下了坚实的基础。《水经注》中许多逼真的描述，非亲身经历、实地考察是不可能的。也正因为郦道元进行了长期而广泛的实地踏勘，方使《水经注》的记载弥足珍贵，“奇编奥记，往往散见”。

郦道元一生勤奋好学，清代刘继庄称他“博览群书，识周天壤”。他尤爱读《山海经》《禹贡》《华阳国志》等地理书籍，以及大量搜阅人物故事、山川风物、金石碑刻、地方图经等文献。广泛而丰富的文献搜集与深入实际的考察研究相结合使他获得了卓越的地理学素养。

在延昌至正光年间（约515—524年），郦道元一度罢官家居，这时他才有时间和精力潜心著述，《水经注》可能在这一段时期成书。他还著有《本志》十三篇与《七聘》等书，可惜都已失传。

郦道元为官清正、志气刚毅，办事不畏权贵，被阴谋杀害于阴盘驿（今陕西临潼县东）。他死后不久，北魏政权内部叛乱兴起，终于公元534年分裂为东魏与西魏。他生在南北分裂的年代里，淮河以南的地方未能亲身考察，因而造成对南方水系记载的某些失误，这是值得惋惜的。最为可贵的是他并没有把自己的眼光局限在北魏王朝的政治疆域之内，这也是值得称赞的。

 3. 《水经注》的内容和价值

《水经注》的内容和价值，清代刘继庄评价最为简括真切。他说：“郦道元博极群书，识周天壤。其注水经也，于四渎百川之原委支派、出入分合莫不定其方向、纪其道里。数千年之往迹故渎，如观掌纹而数家宝。更有余力，铺写景物，片语只字，妙绝古今。诚宇宙未有之奇书也。时经千载，读之者少，错简脱字，往往有之。然古玉血斑，愈增声价。但其书详于北而略于南。世人以此少之。不知水道之宜详，正在北而不在南也……予谓有圣人出，经理天下，必自西北水利始。水利兴而后天下可平、外患可息而教化可兴矣。西北水道，莫详备于此书。”

地理风光

近来，侯仁之教授和陈桥

驿教授对《水经注》的内容和价值很有研究，将其成果综括如下：

(1)《水经注》记述了全国 1252 条大小河流及流域区的综合、全面的地理。不仅记述了河流水系的流源脉络，而且从地理现状一直到历史事迹都择其典型特征作了记录，内容极为丰富，文笔绚烂，体例严谨。

(2)《水经注》的目的“因水以证地，即地以存古”。郦道元在自序中说：“昔大禹记著山海周而不备，地理志其所录简而不周，《尚书》《本纪》与《职方》俱略，都赋所述，裁不宣意。”

因此才决心注《水经》。《水经注》是一部我国公元 5 世纪最全面、综合的地理著作。它并非单纯罗列现象，而是有系统地进行综合性记述。他赋予地理描写以时间的深度，又给予许多历史事件以具体空间的真实感。

(3) 他认识到上古的地理已很渺茫，地理事物和地理现象是在不断变化之中的。部族的迁徙、城市的兴亡、河道的变迁、地名的变更等都是十分复杂的。与人文地理的事物比较起来，河道、水系的变化相对稳定，所以才决定以水道为纲领和坐标，来记述全面、综合的地理事物。

(4) 他涉猎的文献相当广泛。注文引用的书籍，多达 437 种，还记录了不少汉、魏碑刻及民间采访的口碑谚语及传说。这些反映当时地理、社会面貌的珍贵资料，现在绝大部分都已亡佚，幸有郦注，才得保存吉光片羽。

(5) 郦道元还在祖国北方亲自跋涉，探察山水风貌、寻访古迹、追溯流源。因此，《水经注》不少篇章描写逼真生动。使数千年后的读者对当时的地理景观，历历在目。所以《水经注》记录了我国 15 个世纪之前的祖国综合的、大量的地理信息，是研究历史地理、文学、社会发展所不可多得的珍贵文献。

(6)《水经注》是北魏前我国古代地理的总结。它一方面是郦道元个人求索真理、“访渎搜渠”的劳动成果；另一方面也是汉、魏、晋以来众多地方文献和地理著作和地理知识的集结性的成果。没有郦道元个人艰苦卓绝的访求与搜寻，不可能出现这样杰出的地理著作。另外，没有汉、魏、晋以来积累的丰富的地理知识与著作也不可能出现《水经注》这样杰出的地理著作。

总之，《水经注》这样体制严谨、内容丰富的综合性地理著作，产生于公元 5 世纪，不但在我国是十分杰出的，就是在世界上也是十分突出的。

徐霞客

1. 徐霞客与《徐霞客游记》

徐霞客（1587—1641 年）名弘祖，字振之，号霞客，江苏江阴人。他是明代末年杰出的旅行家和地理学家。

徐霞客一生的大部分时间都在旅游和考察地理。从明万历三十五年（1607 年）开始，他游太湖，到崇祯十三年（1640 年）因为生病返回家乡。其游历时间长达 33 年，足迹遍及我国现在的江苏、上海、浙江、山东、河北、天津、北京、山西、陕西、河南、安徽、江西、福建、广东、湖南、湖北、广西、贵州、云南 19 个省市，共计 10 万余里。在游览名山大川的同时，他还会以日记的形式记录下每天的地理和人文见闻，写成《徐霞客游记》一书。但非常遗憾的是，《徐霞客游记》在徐霞客生前并没有成书，在其死后，人们整理成篇。因为大家相互传抄，所以丢失了很多原稿。所以，我们现在所看到的《徐霞客游记》并不是每天、每地都有日记记述。

徐霞客像

徐霞客出生于书香门第，他从小就特别喜欢看书，尤其是阅读地理、历史书籍。而这些书籍中最喜欢的是游记类，他的理想就是能够走遍大江南北，游遍天下名山大川。对于徐霞客的这个理想，其母亲是非常支持的。在徐霞客 22 岁第一次出游太湖的时候，他的母亲就亲自为他远行缝制衣帽，以壮行色，而且还鼓励他说男儿志在四方，这更加坚定了徐霞客出游的决心。在万历四十五年（1617 年），徐霞客的妻子许氏病逝，于是他返回家乡照顾母亲。但是他的母亲却要求他陪她去江苏宜兴旅游，而且一再以实际行动鼓励儿子继续完成自己的旅行考察计划。正是母亲如此鼓励和支持，徐霞客在第二年又开始了旅行考察生活。

当然，徐霞客的旅游方式是非常简单的。在早年期间，徐霞客旅行都是亲友同行，后来常常与熟识的僧人静闻一道，然后带上一两位仆人同行。除非有船可乘，否则就是徒步行走。通常，途中都是在寺庙中住宿食斋。但是在很多时候又必须露宿，因为需要考察山脉的走向形态，观察河流源渊流经，以及各种地理问题，需要深入人迹罕至的莽林、洞穴。清代学者潘次耕在《徐霞客游记·序》中曾生动地描述了徐霞客旅途的艰辛和精神。他说："闽、粤、冀、蜀、滇、黔、百蛮荒徼之区，（徐霞客）皆往返再四。其行不从官道，但有名胜，辄迂回屈曲以寻之。先审视山脉如何来去，水脉如何分合，既得大势后，一丘一壑，支搜节讨。登不必求径，荒榛密箐无不穿也；涉不必有津，冲湍恶泷无不绝也。峰极危者，必跃而踞其巅；洞极邃者，必猿挂蛇行，穷其旁出之窦。途穷不忧，行误不悔。瞑则寝树石之间，饥则啖草木之实。不避风雨，不惮虎狼，不计程期，不求侣伴。"当然，潘次耕的描述也是事实。在徐霞客晚年考察西南地区的时候，他曾经两次遇盗，三次绝粮，在这种危急关头，所带的一个仆人也逃跑了。但是，面对这种情况，徐霞客仍然泰然处之，面不改色，不改初衷。他每天都会走几十里的山路，在晚上入睡之前会把一天的所见所闻以日记的形式记录下来，即使是在荒郊野外，条件非常恶劣的情况下，他也会想办法点燃松枝照明，写完当天的游记。

在游览的过程中，他结交了很多名人，他们相互学习，相互鼓励。他多次参与撰写地方志。崇祯十三年（1640 年），徐霞客在云南鸡足山时，因为他的脚病非常严重，无法行走，当时的丽江木土司（太守）就派人用山轿送他回家。在五月的时候到达湖北黄冈，在经过那里的时候，官府用船送他到江苏江阴家乡。次年正月（1641 年 2 月），徐霞客在家中病逝，享年 56 岁，在其死后被葬南旸岐沈村（马湾）。如今，在他的家乡，为了纪念他热爱祖国，愿意为科学献身的精神，人们建有徐霞客纪念堂。

2. 徐霞客的地理贡献

在早年期间，徐霞客主要是游览名山大川。在其晚年之时，其旅行不再局限于探幽访故的一般性旅游，而是认真考察地理环境，希望在学术上有所建树。因此，在地理学的认识上，他有多方面的记录，特别是他对晚年旅游的我国西南亚热带岩溶地貌的观察、研究，贡献突出。

岩溶地貌是石灰岩地区在流水侵蚀下形成的一种特殊地貌，也被称为

"喀斯特地貌"，它发源于我国的云贵高原地区。

在我国早期就已经有关于岩溶地貌中的溶洞、石钟乳、峰林等地形特点的相关记录。从春秋战国时期的《山经》、三国时张勃的《吴地记》、南北朝时郦道元的《水经注》、沈怀远的《南越志》，到唐代莫休符的《桂林风土记》，都有这方面的相关记载。特别是南宋范成大的《桂海虞衡志》中的"志岩洞"，记录了桂林郊区 20 多个岩溶洞穴。随后南宋周去非的《岭外代答》也有很多这方面的记述。然而，徐霞客在研究内容和分析记录方面有很多创新之处，如对岩溶地貌进行广泛的实地考察，其涉及方面非常多，即岩溶地貌的地表形态、地下形态（洞穴）、分布特点……除此之外，徐霞客也是第一个试图对岩溶地貌进行科学描述和系统理论分析的人。他的贡献表现在：

（1）厘定岩溶地貌的类型及名称

徐霞客对岩溶地貌中的许多地形进行归类和命名，使得地貌地形更加规范，进而形成了一套特有的岩溶地貌概念系统。例如，称落水洞地形为"智井"；圆洼地称"盘洼"或"环洼"；石芽、石沟地形称"石脊"或"石齿"；干谷地形称"枯涧"……另外，唐宋以来用岩、峰、崖等不同名称对峰林地形的称呼都被"石山"所代替。这种厘定类型及名称的过程，也就是研究趋向科学化的过程。

（2）关于西南岩溶地貌发育的区域特征认识

通过不断考察，徐霞客首次明确了我国西南地区峰林石山的分布范围，即东自湖南道州（今湖南道县），西至云南罗平，南入广西境内。除此之外，他还发现在不同的地区，石山峰林的发育有着不同的表现，意在说明分布在云南、贵州、广西三省的峰林石山地貌的区域差异特征，在《徐霞客游记》卷五（上）中，他说："粤西之山，在纯石者，有间石者，各自分行独挺不相混杂。滇南之山，皆土峰缭绕，间有缀石，亦十不一二，故环洼为多。黔南之山，则界于二者之间，独以逼耸见奇。滇山惟多土，故多壅流成海，而流多浑浊，惟抚仙湖最清。粤山惟石，故多穿穴之流而水悉澄清。而黔流亦介于二者之间。"

即使是在现在条件下，徐霞客的这种观点也是能够经受住推敲的，它表现了很强的地貌类型和区划思想。

（3）对地下岩溶地貌的观察研究

徐霞客是古代考察岩溶洞穴较多的地理学家之一。他考察了 300 多个洞

穴，而且详细记录了岩溶洞穴的相关方面，如洞穴的形态特点、洞内石钟乳等小地形的空间分布……甚至，徐霞客还专门测量各种数据，这极大提高了记录的精确度。例如，他所考察记录的桂林七星岩洞穴系统，其组成部分包括两大洞府、6 个洞天、15 个岩洞，而且还对这些组成部分之间的关系进行了详细说明。现在，不仅这 15 个洞口都可以找到，而且他当时的记述与 20 世纪 50 年代科学测绘的七星岩平面图基本一致。这足以说明，徐霞客对地下岩溶地貌的观察记录是非常准确的。除此之外，他还将溶洞分为多种类型，如藤瓜式、楼阁式、深井式……

（4）对岩溶地貌成因的分析

与过去的岩溶地貌观察记录相比，徐霞客的记录存在很大不同。他不仅准确描述岩溶地形的各种形态和分布，同时也探讨和分析岩溶地貌的成因。例如，他指出漏陷地形是因为流水的侵蚀或溶陷崩塌而形成的；而四坡陡崖的石山则是因为石山上部崩塌，石山下部受流水侵蚀，上下夹攻而成崖；提到钟乳石的成因，徐霞客明确指出“盖石膏日久凝结而成”……当然，所有这些见解都带有科学性。

除了在岩溶地貌方面徐霞客做出贡献之外，在其他很多方面，他也提出了重要见解，如关于长江源流问题、盘江上源问题……

众所周知，长江发源于青海，它是我国第一大河，其上游为通天河、金沙江。但是，在古代的时候并不是这种观点。自先秦《禹贡》中有“岷山导江”的说法后，人们在很长一段时间内把长江支流岷江当作长江的上源。而这种观点一直持续到明代。

但是，对于这一传统观念，徐霞客早就提出了质疑。经过多年的实地考察，徐霞客认为江水浩大，以小小的岷江作为长江源流，根本是不可能的。所以，他对考察资料进行分析，并写成了专门论述长江源流问题的《江源考》一文，为否认传统说法提供了确实的证据。当然，这也是徐霞客第一次正

徐霞客曾两次游黄山

式提出金沙江以上才是长江的正源。

徐霞客对西南地区的南、北盘江的上源问题也有分析和研究，而且还写有《盘江考》一文。在这篇文章中，徐霞客的观点基本上都是正确的。他指出：过去《大明一统志》把火烧铺、明月所二水（今贵州盘县西）作为南、北盘江上源，事实上是把支流当成了正源。他进一步指出：北盘江的正源应该是可渡河；南盘江的正源应当是云南霑益以北炎方驿附近的交水。

因为徐霞客在地理学方面有很多独到的见解，而且能够提供实证，所以他被称为我国古代杰出的旅行家和地理学家是毋庸置疑的。

沈括

沈括（1031—1095 年），字存中，北宋钱塘（今浙江杭州）人，他是我国古代一位百科全书式的著名科学家，在很多方面都有突出的贡献。他出生在一个下层官吏的家庭中。在其成人之后，在很多地方做过官，后来中进士（1063 年），进入昭文馆担任书籍编校工作，与此同时还担任过太史令等职。《宋史·沈括传》中称他“博学善文，于天文、方志、律书、音乐、医药、算，无所不通，皆有所论著”。另外，通过对各种见闻和见解的汇集，他写成了《梦溪笔谈》一书，分故事、辩证、乐理、象数、人事、官政、权智、艺文、书画、技术、器用、神奇等 17 门，涉及天文、历法、数理化、地理、医药、技术、文学艺术等 20 多种学科 609 项记述。当然，仅地理学方面的知识就占据了 100 多条，这是对他主要地理思想的反映。

沈括的地理思想主要集中在观察和解释多种自然地理现象，如流水侵蚀、海陆变迁与华北平原成因、古环境变迁、植物地理分布的制约因素……

1. 关于流水侵蚀思想

沈括曾经在浙江温州一带观察雁荡山的特殊地貌景观。在他看来，雁荡山的大地地貌非常特殊：雁荡山的各山峰皆挺拔峻险，矗立于山谷之中；而从山顶上看，各个山峰几乎都处于同一水平面上。但是这一点在山外是看不到的。只有进入山谷之后，才会看到一座座挺拔林立的山峰。究竟这种情形是如何形成的呢？沈括分析之后得出的结论是流水侵蚀导致的。在《梦溪笔谈》卷二四中，他说：这种地貌现象“当是为谷中大水冲激，沙土尽去，唯

巨石岿然挺立耳”。另外，他在大、小龙湫等处也看到了流水穿凿的现象，由此他又联想到了黄土高原地貌，认为黄土高原的沟壑也是流水侵蚀而造成的。

沈括塑像

根据科学考察发现，雁荡山各峰的高度在过去的时候的确处在一个水平面上，它们的岩石主要是流纹岩，而流纹岩是白垩纪火山喷发的堆积物。在白垩纪末第三纪初，地壳发生了上升运动，在强烈外力的作用下，曾经平坦的剥蚀平原最终成为古夷平面。从此之后，经过风化和流水侵蚀作用，松软物质被搬运而去，因为流纹岩岩性较硬，又富垂直节理，因此被保存下来，最终形成峰丛林立的独特地貌景观。在这里，沈括最早使用了“流水侵蚀”的概念，而且对于雁荡山山峰的成因进行了正确解释。他的这一思想的提出比称为“近代地质学之父”的郝登在 1788 年提出的侵蚀作用理论早 700 年。

2. 海陆变迁与华北平原成因

众所周知，华北大平原为一个冲积平原。沈括是我国第一个提出这种理论的人。

北宋熙宁七年至八年（1074—1075 年），沈括察访河北西路的时候，从开封出发，然后沿着太行山逐渐北行。他经常看到山崖中有镶嵌的螺蚌壳鹅卵石，而且“横亘如带”。此时，他所联想到的就是海陆变迁和华北平原的成因问题，在他看来，太行山和华北平原过去都是沧海，正是因为河流的冲积作用才使其变成了陆地，也就是“浊泥所湮耳”（《梦溪笔谈》卷二四）。另外，沈括还从黄河等北方河流的水文特征上论证了华北平原的成因，指出：“凡大河（黄河）、漳水（漳河）、滹沱（河）、涿水（拒马河）、桑乾（桑干河）之类悉是浊流（高含沙量）。今关、陕以西，水行地中，不减百余尺，其

泥发东流，皆为大陆（华北平原）之土。”因此，在他看来，冲积成因理论“此理必然”（《梦溪笔谈》卷二四）。当然，事实的确也是如此。

3. 古环境变迁思想

当沈括在延州永宁关（今陕西延川县东南）看到大河崩岸的时候，他发现在地下几十尺的地方有几百茎类似竹笋的植物，而且它们根干相连，已经形成化石。然而，陕北的气候是比较干燥的，根本不适宜竹类的生长，那此地出现的竹类化石究竟是怎么个情况？在沈括看来，在很久之前，这里的气候是比较潮湿的，竹类在此地可以生长。但是，随着环境的不断变迁，此地变得干燥。正如他所说，陕北“旷古以前，地卑气湿而宜竹”（《梦溪笔谈》卷二一），这说明环境变迁是存在科学依据的。

4. 控制植物分布要素的认识

在很早之前，中国人就已经对影响植被地理分布的主要因素具有一定认识，如《周礼·考工记》中就有“橘逾淮而北为枳……此地气然也”的论述。当然，沈括对这个问题的认识也是非常正确的。例如，他在论述全国各地气候现象的时候，就明确指出了植物分布会受到地理位置和气候条件的影响。他在《梦溪笔谈》卷二六中指出：“岭峤（岭南地区）微草，凌冬不凋；并汾（山西）乔木，望秋先陨；诸越（浙江、福建一带）则桃李冬实；朔漠（长城以北）则桃李夏荣。此地气之不同也。”而从根本上影响植物垂直分布差异的原因是“地势高下之不同”（《梦溪笔谈》卷二六）。

除了以上我们所提到的沈括的贡献外，他还进行了很多地理实践活动。例如，在制作地图方面，他绘制过当时的全国地图集——《天下州县图》；制作过木模型图等，而且修正了制图六体，提出了分率、准望、牙融、傍验、高下、方邪、迂直七法。与此同时，沈括还创立了分层筑堰水测法，实测了自京城汴梁（今开封市）上善门至泗州（今江苏盱眙）入淮口的汴河河道高差等。所以，在我国地理学史上，沈括是一位非常重要的学者，他的很多见解都对世界科学发展起到了推动作用。

知识链接

北京新奇观之谜

明朝永乐年间建造的北京城，不仅布局严谨，而且非常华丽。近些年来，人们可以通过使用科学遥感技术从高空拍摄北京城的图像，进而发现了北京城区横卧着两条“巨龙”，盘坐着一位“巨人”，这成为北京城的两大新奇观，蔚为壮观。

从这彩色的遥感图上，我们可以看到，那两条“巨龙”，从南向北，横贯全城，结伴而行。其中一条就是北京的古建筑群所组成的“古建筑龙”，这条龙起于天安门，逶迤延伸直到钟鼓楼。天安门是龙嘴，金水桥是它的颌虬，东西长安街是它的长髯，太庙、社稷坛是巨大龙头的龙眼，故宫是龙身，其隆起部分是景山公园。而钟鼓楼是这条“巨龙”的龙尾，故宫的四个角楼，就是伸向四面八方的龙爪。

另一条“巨龙”是由北京的水系构成的，也被称为“水龙”。这条“水龙”的龙头是半圆的南海，中海与北海联成弯曲延伸的龙身，西北方向的什刹海，则是条摇摆着的龙尾。两条巨龙相依结伴，雄伟壮观。其神奇性究竟是设计者精心设计的，还是自然巧合，很难判定。

除此之外，北京城还有另一奇观，那就是景山公园的园林图像。这一奇观是1987年1月14日国家测绘局科学研究所在“北京地区航空遥感成果”展览会上宣布的。

景山公园本来是皇家御苑，它位于故宫之北。究竟这端坐在故宫之北的“巨人”是谁？难道是佛吗？从其盘腿打坐的姿势来看，非常像佛，但是从其长着的络腮胡须来看，其又不像佛。难道是明太祖吗？从传统观念“北为上”来分析，的确有这个可能。但是皇子怎么可能容忍有游人在其圣体上进行践踏呢？难道是设计者本人？或许有这个可能。但是究竟情况是怎样的，这是一个谜。

另外，研究人员运用遥感技术还发现，故宫中央三大殿的平台基座正好呈“土”字形，这样就构成了以宫城为中心的“中央土”形建筑。而故宫外城城墙是长方形，如同是一顶皇冠扣在内城之上。这样的建筑群不仅体现了皇权的至高无上，而且也是对中国历史上重视土的传统观念的继承和表达。

正是因为这些奇观的发现，使得北京城更具有神秘感。

第二节 中国近代地理学家

龚自珍

龚自珍是清代著名的思想家、史学家和诗人，同时也精通“天地东南西北之学”——地理学，特别对西北地区史地，有深入的研究。在地理学方面，曾计划编撰《蒙古图志》30 篇，并最先提出了《西域置行省议》，受到各界的重视。

龚自珍字瑟人，号定盦，又名易简、巩祚，字伯定。浙江仁和（今杭州市）人。他的祖父和父亲都在北京做官。母亲段氏，是著名学者和文字学家段玉裁的女儿。龚自珍自幼读经，12 岁时跟随外祖父读文字学的入门书《许氏说文部目》。13 岁能写诗作文，14 岁时就着手编写《古今体诗编年》。龚自

珍亲眼目睹清朝封建教育的腐败，便决心建立新的经世致用之学。从此他便中断了外祖父教给他的音韵文字之学的研究，开辟了新的研究领域。他与徐松、张穆、魏源等学者一起，砥砺学业，讨论问题。并与林则徐、魏源等结成宜南书社，开创了新的学风。他的友人张维屏说："近数十年来，士大夫诵史鉴，考掌故，慷慨论天下事，其风实定公开之。"但是像龚自珍这样有新思想的人，封建统治者是并不欢迎的。因此他仕途坎坷，很不顺利。27 岁中举，38 岁才中进士。曾在京城里做过内阁中书、礼部主事等官，始终无法实现他的理想和抱负。48 岁，以父亲年老需要侍奉，辞官回家。他在杭州、丹阳等地讲过学，后来病死在江苏丹徒县的云阳书院，年仅 50 岁。

作为思想家的龚自珍，他是我国 19 世纪资产阶级改良主义思想的先驱，有人称他为"今文经学派"的代表。他们以经学的形式议论时政、抨击束缚思想的烦琐考据学，主张学术为现实社会服务。他提出了"非命"的思想，以抵制君主和宋儒的权威，并为新兴的市民阶层创建理论。他的思想，对以后资产阶级改良主义思想的形成，起到了重要的先导作用。

作为文学家和诗人的龚自珍，给后人留下了 600 多首热情洋溢的诗篇。他以诗歌为工具，大胆揭露封建社会的黑暗，热情歌颂个性解放。他晚年写成的《己亥杂诗》是他诗歌中的代表作。己亥年是清宣宗道光十九年（1839 年），也就是鸦片战争的前一年。他厌恶仕途，辞官回乡，在南归途中，写下了 300 多首（315 首）七言绝句。而其中的"九州生气恃风雷，万马齐喑究可哀。我劝天公重抖擞，不拘一格降人才"是尤为脍炙人口的传世名篇。他厌恶保守，渴望革新，向往光明。写成于同年的《病梅馆记》，则是一篇构思巧妙的寓言式的杂文。作者借梅抒情，托物喻人，揭露了封建制度摧残人才的罪行，表现了作者渴求思想解放的进步思想。他希望能更多地收集病梅，为梅花"毁盆解缚"，解放病梅的肢体，治疗病梅的创伤。句句讲的是梅花，而实质是处处抨击封建制度，是不可多得的佳作。

龚自珍塑像

作为著名历史学家和地理学家

的龚自珍，对我国西北史地问题有着深入的研究。他幼年时就有志于四裔之学。为此他专门学习了蒙语和满语。当时程同文主修会典，其中理藩院一门及青海、西藏各地，都由龚自珍协助校理。程同文死后，龚自珍曾精心构思编撰《蒙古图志》，但没能完成。书中准备论述的内容，从他的《上蒙古图志表》中可见一斑。其表说："窃见国朝自西域荡平后，有钦定《西域图志》50卷，专记准部、回部山川、种系、声音、文字及于国朝所施设政事，著录文渊阁、副墨在杭州、镇江、扬州，既富且巨，永不朽。臣考前史，动称四海，西北两海，并曰盖阙。我朝之有天下，声教号令，由回部以达于葱岭，岭外属国之爱乌罕，那木干以迄于西海，由蒙古喀尔瞎四部，以达于北方之鄂罗斯，以迄于北海。回部为西海内卫，喀尔喀为北海内卫。今葱岭以内，古城郭之国，既有成书，而蒙古独灵丹呼图图灭为牧场，其余五十一旗，及喀尔喀四大部。纵横万余里，上下二百年，其间所施设，英文巨武，与其高山异川细大之事，未有志。遂敢伸管削简，腮理其迹，團轄其文，作为《蒙古图志》，为图二十年八，为表十有八，为志十有二，凡三十篇。"十八表是字类表、声类表、临莅表、沿革表、氏族表、在旗氏族表、世系表、封爵表、厘降表、旗帜表、寄爵表、喀尔喀总表、赛因诺颜总表、新迁之杜尔伯特总表、四卫拉特总表、乌梁海表、巴尔虎表、青海蒙古表，附述哈萨克为一表，附述布鲁特为一表。十二志是天章志、礼志、乐志、晷度志、旗分志，会盟志、象教志、译经志、水地志、台卡志、职贡志、马政志等。本来这部书龚自珍已经完成了一大半的撰写工作，因为藏书楼失火，结果烧毁了他的手稿和他为编写此书而收集的档册图志。这一著作遂不能完成。在他的文集中，只留下了志表序文10篇。

再此重点介绍一下他的《西域置行省议》。西域泛指新疆内外各地，汉代以来，新疆隶属我国，但在管理上主要实行以军府制为主体的多元化行政体制，机构变动无常，管辖也比较松散，清统一全国后，西域重新收归版图，为了加强对西域的统一管理，龚自珍建议把新疆设为行省，实行和内地一致的省县行政建置。为此他经过多方面的研究，写成了《西域置行省议》一文，并从经济、政治和社会改革等方面，作了详细的论证与规划。在政治方面，他提出了新疆设县建省的行政建制改革方案，建议裁撤原将军、大臣、章京等官，改设总督、巡抚、布政使、按察使、巡道提督等官，以求与内地划一。并具体提出了全省设十一府、三直隶州、两知州、四十县的方案，改将军府

制为州县制。在经济方面，他主张迁徙江浙等地“无产之民”，到新疆去屯垦，将屯田改为世业，公田变为私田，客户变为编户，戍边变为土著，遣犯勿庸释圆，旗弁改成旗户，让所有的居民都“以耕以牧”，从事生产活动，这样新疆地区的经济就可以得到较快的发展，新疆地区也就可以足食足兵了。在社会改革方面，他主张撤去绿旗之屯，八旗之戍，改旗弁为旗户，废除落后的以徭役制为基础的伯克制度。对于这一重要的改革方案，龚自珍认为，虽然要付出一定代价，但不久以后，将大见效益。他预言：“现在所费极厚，所建极繁，所更张极大，所收之效在二十年以后，利见万倍。”方案施行之后，将“国运盛益盛，国基固益固，民生风俗厚益厚，官事办益办，必由是也，无其次也”。这一个有远见卓识的改革方案，受到了他的友人的支持与赞赏。人们认为这个方案是“经划边陲之至计”，“古今雄伟非常之端”。这一方案当时虽然未被清朝政府采纳，但龚自珍坚定地相信建省乃势在必行，“五十年中言定验，苍茫六合此微官”。

果然不出龚自珍所料，几十年后，他的新疆建省方案，左宗棠于 1877 年重新提出，1884 年刘锦棠又进一步建议，最后终于实现了龚自珍关于新疆建省的预言。1884 年 11 月，清朝政府正式发布了新疆建省的命令，任命刘锦棠为首任甘新巡抚。酝酿了半个世纪的新疆省至此正式建立。新疆改建行省，实行了与内地一致的地方行政制度，进一步加强了国家的统一和行政管理上的统一，加强了民族团结和各民族之间的友好往来，密切联系了新疆和内地的政治经济文化。从而也增强了抗御外来侵略的力量，对捍卫国家领土主权的统一和完整，起到了重要的作用。

龚自珍一生著述颇多，除上述者外，有《尚书序大义》1 卷，《泰誓答问》1 卷，《尚书马氏家法》1 卷，《左氏春秋服杜补义》1 卷，《左氏决疣》1 卷，《春秋决事比》1 卷，《西汉君臣偁春秋之义》1 卷，《典客道古录》1 卷，《奉常道古录》1 卷，《羽岭山金石墨本记》5 卷，《羽蛉山典宝记》2 卷，《镜苑》1 卷，《瓦韵》1 卷，《汉宫拾遗》1 卷，《泉文记》1 卷，《布衣传》1 卷，《文集》3 卷，《续集》4 卷，《文集补》2 卷，《补编》4 卷。

魏源

魏源是清代中叶一位著名的思想家、文学家和地理学家。在学术界，他与龚自珍齐名，在地理学上，他的《海国图志》与徐继畬的《瀛环志略》并称。《海国图志》是我国鸦片战争时期，详细介绍了西方资本主义国家的情况，寻求御侮图强之道的一部关于世界地理知识的集大成的巨著，对我国思想学术界曾产生过深远的影响。

魏源字默深，先世本江西太和县人，明初迁居至湖南邵阳金谭。他生于乾隆五十年甲寅三月二十四日（1794年4月）。父亲名邦鲁，字春煦，母陈氏。魏源自小爱读书，九岁应童子试，以“腹内孕乾坤”句，震动了考场，使主考官大为惊叹。十五岁补博士弟子员，二十岁举明经。道光二年（1822年）中顺天乡试举人第二。道光二十四年（1844年）中会试第十九名，次年补殿试第三甲，赐同进士出身，以后历任东台、兴化、海州等地的知县、知州等地方官。从政期间，能体察民情，深得群众拥戴，后以母忧去官，埋头著述。

魏源生活在我国封建社会行将解体，外国列强接踵入侵的社会变革时期，这一时期，鸦片贸易日益猖獗，国家经济面临严重危机。鸦片战争的失败，友人林则徐的贬谪，更激发了他的爱国热情。他是禁烟派的坚决支持者，他曾经深刻地指出：鸦片输入中国，不仅耗尽了中国的资财，而且毒害了人民的身心，长此以往，必定会造成经济危机，国家危亡。他反对“闭关自守”的保守思想，主张变革。他说：“变古愈尽，便民愈甚。”他主张面向世界，学习外国的先进科学技术。他提出了“师夷之长技以制夷”的思想。只有首先“师夷”，才能做到“款夷”“制夷”。为此他又提出了关于“战”“守”“攻”等军事思想和战略战术原则。

魏源像

作为杰出思想家的魏源，他重视实践，主张经世致用。在认识论上他具有朴素的唯物主义思想。他深刻地指出：“披五岳之图，以为知山，不如樵夫之一足，谈沧溟之广，以为知海，不如估客之一瞥；疏八珍之谱，以为知味，不如庖丁之一啜。”这就是说，书本的知识，远不如实践得来的知识准确鲜明，只有从实践中得来的知识，才是真正的知识，由此他总结道：“及之而后知，履之

而后艰，乌有不行而能知者乎。”他在编纂《皇朝经世文编》的时候，就深深感到，编纂的目的应是“资于救时”，应是“经世致用力”。他这一思想激励着他的治学和从政，使他在修治河道、改革兵制等方面，在便民裕国方面，都做出了一定的成绩。

作为卓越地理学家的魏源，他最突出的贡献就是撰写了卷帙浩繁的《海国图志》这样的宏篇巨制。《海国图志》的撰述，就是魏源有感于国势日蹙，外侮日迫，为寻求御侮图强之道，兴国安邦之策而作的。他在《自序》中写道：“是书何以作？为以夷攻夷而作，为以夷款夷而作，为师夷之长技以制夷而作。”魏源是林则徐的挚友，林则徐的禁烟活动，曾得到魏源的支持。林则徐也是一位很有政治眼光的思想家。他在广州主持禁烟时，就曾经组织译员，根据1836年伦敦出版的摩雷的《地理大全》等书，编译成《四洲志》，有8.7万多字。林则徐离粤以后，将译稿及余稿资料，全部转给了魏源，请魏源踵成其事。魏源便以《四洲志》为基础，大加增补，著成了《海国图志》一书，初版为50卷，49万字。1847年又扩为60卷。1852年又增订为100卷，字数也增加到84万多字。这部百卷本的《海国图志》，确实凝聚了魏源十多年的心血。他参阅的资料很多，除《史记》《汉书》历代正史，《水经注》《文献通考》等专著外，还参考了陈伦炯的《海国闻见录》、谢清高的《海录》、王大海的《海岛逸志》、艾儒略的《职方外纪》、南怀仁的《坤舆全图》等大量图籍资料。

魏源的《海国图志》一书，具有以下几个显著的特点：

第一，内容广博，取材丰富。本书以介绍各国地理为主，但又不局限于地理，广及历史、政治、科学技术等许多方面，乃至宗教、历法、西洋技艺等，凡国人所当知者，均择要列入。因此把《海国图志》说成我国最早的一部世界知识百科全书也并非夸张。

第二，重点突出，详略得体。作者认为：在当时世界各国中，西方各国的科学技

《海国图志》书影

术走在最前沿，西方国家又以英国为代表。因此，书中就突出了西方国家的内容，更详细介绍了英国的情况，以4卷的篇幅专门介绍英国。当时英国国势正盛，“绕地一周，皆有英夷市埠。则筹夷必悉地球全形。故观图但观英夷本国之图，非知考图者也。读志而但读英吉利本国数卷，非善读志者也”。必须把英国放在世界之中，对比考察，才能洞悉世界形势。

第三，是重视科技，重视地图。在各国情况中，魏源还以专门的篇幅，详细介绍了西方国家的科学技术，并力求详细具体。如卷85，是大轮船图记，卷86～93是铸炮图，卷93～100是西洋技艺杂述等。连望远镜制作的方法，也作了详细记述。对于地图的意义和作用，魏源有精辟的论述。他写道：“古有表沿革，无图沿革者。图经表纬，图横表纵，左之右之，互相体用。然以表书史所有，足目所及中国可也。以表侏僑不经，汗漫莫穷之外国，则表自表，图自图，自非专门之士，鲜不一龃而一龉，千榖而千赜矣。”基于这种认识，魏源在书中引用了大量地图，并取名为“图志”，这说明了魏源对地图的高度重视。

第四，对筹海问题提出了独到的见解。魏源因见外侮主要来自海上，因此特别重视筹海问题。他主张将战、守、攻三者结成一体，“以守为战，而后外夷服我调度，是谓以夷攻夷，以守为款，而后外夷范我驰驱，是谓以夷款夷”。守的目的，正是为了争取主动，调动敌人，打击敌人。

《海国图志》以《筹海篇》起首（卷1～2），接着是世界和各洲地图（卷3～4），卷5～10记述中印半岛各国，卷11～16记南洋群岛各国，卷17记日本，卷18记南太平洋各岛，卷19～32记印度和西南亚各国，卷33～36记非洲，卷37～49记欧洲各国，卷50～53记英国，卷54～56记俄国，卷57～58记北欧各国，卷59～63记美国和美洲各国，卷64～70记南美各国，卷71～73记各国宗教、中西历法、中西纪年表，卷74～76是国地总论，卷77～80是筹海总论，卷81～83是夷情备采，卷84～93是轮船、大炮模型和图纸，卷94～100为西洋技艺杂述。与《四洲志》相比，文字增加了10倍，内容也更加丰富，真可说是一部域外新知识的大典。

《海国图志》问世以后，受到学术界的高度重视。近人刘禺生评论说：“道咸（道光咸丰）间，西北史地学盛时，魏默深另树一帜，为东南海疆，成《海国图志》一书。故论辽金元史地者，京师以张穆等为滥觞。论东南、西南海史地者，以魏默深著为先河。”值得我们指出的是：《海国图志》不仅推动

了我国学术界放眼世界，学习世界地理知识，而且对后来的维新变法运动，也起到重要的启迪作用。康有为认为《海国图志》是“讲西学之基”。梁启超认为《海国图志》激励了国民对外之观念。可见此书影响之大。1854 年《海国图志》被译成日文，也推动了日本的维新变法。日本学者井上清说：“横井小楠之思想革命倾向开国主义，即以读《海国图志》为契机。”

魏源还是一位很值得称赞的旅行家。他热爱祖国，热爱祖国山川。从小就立志周游全国，亲自领略祖国的大好河山。他希望能“朝望西溟水，夕驾昆仑山，胸中盖地图，八极指掌间”。他发愿“从此芒鞋遍九州，到处山水呈真面”。他说：“足不九州范，宁免井蛙愚。”他曾先游历了湖南的岳麓山和洞庭湖，继而又游历了全国的名山大川，泰山、华山、嵩山、衡山、安徽的黄山、浙江的天台山、雁荡山、普陀山、天目山、江西的庐山、龙虎山、福建的武夷山、九华山、山西的五台山、太行山、中条山以及号称“京东第一山”的河北的盘山，都无不留下了魏源的足迹。55 岁那一年，他又作了一次历时半年、行程 8000 里的长途旅行，重点游历了南方各省及香港、澳门。他曾刻制了一枚印章，上面写道：“州有九，涉其八，岳有五，登其四。”以志其游踪之广。魏源不但以游山为乐，而且以游山为学，他在《游山吟》一诗中写道：“人知游山乐，不知游山学。人生天地间，息息宜通天地龠。特立之山介，空洞之山聪，渟蓄之山奥，流驶之山通。泉能使人静，石能使人雄，云能使人活，树能使山葱。谁超泉石云树外，悟入介奥通明中。”

由于魏源对祖国山水的无限热爱，因此“遇胜辄题咏”，在他留下的七八百首诗中，山水诗就占了十分之七八。他曾自豪地说：“太白十诗九言月，渊明十诗九言酒，和靖十诗九言梅，我今无一当何有？惟有耽山情最真，一丘一壑不让人。昼时所历梦同趣，贮山胸似贮壶冰。渊明面庐无一咏，太白登华无一吟，永嘉虽遇谢公屐，台荡胜迹皆未寻，昔人所欠将余俟，应笑十诗九山水。他年诗集如香山，供养衡云最深里。”字里行间，处处流露了魏源对祖国山水无限热爱的深厚感情。

魏源的著作内容是极其丰富的。在史学方面，他撰述了 95 卷的《元史新编》，14 卷的《圣武记》，以及《孙子集驻》《孔子年表》《孟子年表》《古诗微》《禹贡说》等。在《禹贡说》一书中，他对长江江源问题，作了很有识见的论述，他说：“金沙江名丽，名泸，皆取骊卢黑义，为入滇必由之道。即诸葛亮五月所渡之泸，此水出金沙，故曰金生丽水，金沙江出西藏，未入云

南以前已行二千余里，岷江古号沫水，于成都利益最切，故导江自岷始，非即以岷为江源，犹河非以积石为源也。知金沙为江之正源，则知河出葱岭之东，江出葱岭之南，同源于昆仑，非河源长江源短也。”这个看法和徐霞客的见解是完全一致的。

魏源的贡献是多方面的。作为卓越的思想家、史学家、地理学家和诗人的魏源，终被记入我国的史册。

马欢

关于马欢随同郑和下西洋的由来和他的特长，《瀛涯胜览》的序文中可以见到具体的说明。古朴的后序说：“宗道（马欢的别号）乃越（浙江）之会稽人，皆西域天方教（徒）……善通译番（阿拉伯）语，遂膺斯选。三随輧轺（指郑和出使），跋涉万里。”正统甲子（1444 年）马敬序，提到“三入海洋，遍历番国……而独编次《瀛涯胜览》一帙以归”。在永乐十四年（1416 年）的自序中也说“永乐十一年……余以通译番书，亦被使末……于是采摭各国人物之丑美，壤俗之异同，与夫土产之别，疆域之制，编次成帙”。

马欢的三出海洋，可以断定为是下面三次：（1）自序所指的似乎是七次中的第四次，这一次郑和在永乐十年奉命出使，而在十三年七月还朝，但大的出航时间可能延迟到十一年初。（2）书中阿丹（今亚丁）国下，提及永乐十九年的大船，派有分船前往。这是郑和奉命出使的第六次。（3）天方国（阿拉伯）一节记默加（今译麦加），述及宣德五年（1430 年）的大船遣派分船到古里，又派通事七人，“附本国船只到彼，往回一年”。这是第七次下西洋。至于书末所记“景泰辛未（1451 年）秋月望日会稽山樵马欢述”，是最后定稿付印的日期。

这本《瀛涯胜览》所具有的旅行记的特色，有几分类似《大唐西域记》。全书都采用分国叙述的方式，而从前一国到后一国，一般都说明航行的走向和日程，但是由于海上的特点不易掌握，往往过于简略。

全书只举出二十国，比较《明史·郑和传》所提到的三十余国还差十几个，显然是由于作者只叙述了自己所到达的地方。郑和等使节对于各地君长所施的赏罚，以及商品交易的部分情况，记述得比较具体。另外还涉及各地民族、宗教、风俗、物产、服装、住房等人文，但是有一些神话故事是从其

他书上抄来的。关于各地移居的中国人，书中都有所记述。

天方国应当是作者所亲到，而且去到内地朝圣。所记默加的恺阿白礼拜寺，是伊斯兰教最重要的圣地，尤其具有史料价值。这个礼拜寺在1626年时曾经重修，比较马氏所记的规模，不免有所改变。但是书中竟把从马（码）头秩达（今译吉达）到默加（麦加）和从后者到蓦底纳（麦地那）的走向，都误作“西行”（应当是东行和北行），又把后一段长好几倍的行程和前者同样说成“一日”。

关于航海的途程，在叙述的方式上问题更多。例如同一节说：“自古里国开船，投西南申位，船行三个月方到本国马头，番名秩达。”在上文祖（今译左）法儿一节，“自古里开船投西北，好风行十昼夜可到”，两相比较，所记的航行时日与航程长短很不相称。阿丹（今译亚丁）一节，“自古里国开船投正西兑位，好风行一月可到”，也有同样问题。关键似乎是由于在阿丹（包括在祖法儿）滞留的时间，而秩达又加上在阿丹滞留的日数，都不是限于本段航行的时间。航向提到用时辰或八卦的名称，是按当时罗盘上标记走向的方式——阿丹的兑位就是用的卦名。天方国一节所举航向，也没有指明进入红

郑和宝船模型

海的大转折。

另外，也有把航行时间说得相当确切的情况。例如暹罗国一节，“自占城向西南，船行七昼夜，顺风至新门台海口入港”，但是只提到“向西南”，忽视了最后有转折。这一段航程的时间，和占城国一节所记的“自福建福州府长乐县五虎门开船，望西南行，好风十日可到”，速度大致相同。这一节列在全文之首，而第一句“其国即释典（佛经）所谓王舍城也”，竟把印度的佛教圣地移到今越南南方境的占城，这可是大错特错。这一点表明作者在史地资料方面，下笔时没有认真参考。

锡兰国裸形国一节，首先记述今安达曼群岛、尼科巴群岛一带小岛。“自帽山南放洋，好风向东北行三日，见翠兰山在海中，其山三四座；唯一山最高大，番名桉笃蛮山”。翠兰山当时作为这一系列海上群山的总名，而桉笃蛮是最高一山的专称。后者也就是安达曼一名的来历。帽山指苏门答腊岛极北边附近小岛之一，“东北行”不及简单作为北行正确，不过这里海上的风向，夏令半年易于偏向东北。溜山国一节“自苏门答腊开船过小帽山，投西南好风行半日可到”。

小帽山可能即上文所引的帽山。溜山国诸岛似乎包括今马尔代夫群岛和拉克代夫群岛。“投西南”应简称“好风西行”，“有八大处，溜各有其名”，列举此中早在开发的八大溜。“传云三千有余溜，此谓弱水三千”，意味着航行易于出险。此处遍布珊瑚礁，3000 之数，以高出海面者计算，依然夸大。以“弱水”相比，并不恰当。

郑和

1. 郑和下西洋

在西方“地理大发现”时代以前的半个多世纪，我国航海家郑和已经率领船队在东南亚、印度洋地区进行了大规模、长达 30 年的航海活动。这不仅标志着中国海上探险事业的发展，更是世界发展史上非常重要的一页。

郑和（1371—1435 年），本姓马，小字三保，回族，云南昆阳（今晋宁县）人。在 14 岁的时候进入皇宫做宦官，因为立功较多，所以被升为内宫监太监，赐姓郑，人称三保太监。

在明朝初期，为了展现新王朝的国力，扩大与东南亚、印度一带的海上经济贸易，明成祖朱棣派遣郑和组织船队出航西洋。据史料记载，从永乐三年（1405 年）到宣德八年（1433 年）的 29 年间，郑和曾经七次率船队下西洋，到达 37 个国家，足迹遍及南至爪哇、西到非洲东海岸和阿拉伯半岛间的广大地域。其中第一次（1405 年 7 月至 1407 年 10 月）、第二次（1407 年 10 月至 1409 年 8 月）、第三次（1409 年 10 月至 1411 年 7 月）航海，都到达今巴基斯坦的印度河口一带；第四次（1413 年 10 月至 1415 年 8 月）到达今波斯湾；第五次（1417 年 5 月至 1419 年 8 月）、第六次（1421 年春至 1422 年 9 月）都到达了非洲东岸赤道以南的地方；第七次（1431 年 1 月至 1433 年 7 月）主船队到达波斯湾之后，分船队进入红海到麦加。也正是在第七次返回的过程中，在 1433 年 3 月中旬，郑和病逝于古里（今印度西南海岸科泽科德），葬于当地山麓，终年 63 岁。

郑和塑像

郑和下西洋的船队是非常庞大的，人员也众多。每次出海往往拥有大海船 60 多艘，人员达 2.7 万多人，在出洋的时候，船只挂帆编队而行，气势浩大，正如在福建长乐南山《天妃应灵之记》碑中，郑和慷慨陈辞所示：“观夫海洋，洪涛接天，巨浪如山……而我之云帆高张，昼夜星驰，涉彼狂澜，若履街衢。”这足以说明了当时船队气势是非常宏伟的。

郑和带领船队所到的地方，进行的主要是经济文化交流活动。通过“朝贡贸易”和“赍赐贸易”的方式，他们用中国的茶、丝、瓷器、金银等交换各地的香料、染料、珠宝等。正是这种以物易物、礼尚往来的平等态度使得中外经济文化交流较为顺利，而且还得到了各地人民的欢迎。到现在为止，南洋各地仍有不少以郑和小名“三宝”命名的遗址，如马六甲的三宝城、三宝山；泰国曼谷的三宝庙、三宝港；印尼的三宝垄……

郑和大规模下西洋的活动，不仅促进了中外经济文化交流，而且促进了世界地理历史的发展，使得人们对西洋有了更深、更新的认识。

2. 地理新认识

随着航海活动的不断进行，郑和与其助手将见闻记录下来，而且写成地理著作，记述了他们对西洋各地的地理认识，有《郑和航海图》、马欢的《瀛涯胜览》、费信的《星槎胜览》和巩珍的《西洋番国志》……

《郑和航海图》是郑和及其海师通过长期的航海实践而绘制的海洋地图。主要包括三部分，即茅元仪的《序》、《自宝船厂开航从龙江关出水直抵外国诸蕃图》和《过洋牵星图》，共24页（序1页，地图20页，《过洋牵星图》2页，空白1页）。全图中最远的地方就是忽鲁谟斯（霍尔木兹海峡），而且其绘制过程采用一字展开式。全图以南京为起点，最远抵达东非，所绘沿途亚非两洲地名约500个，其中域外地名就有300多个，远远超出汪大渊《岛夷志略》99个地名的规模，其涉猎范围非常广。

有几次，马欢、费信、巩珍曾分别随郑和船队出洋远航。他们将自己所到之处的见闻分别写成了《瀛涯胜览》《星槎胜览》和《西洋番国志》三本书。这三本书都以郑和船队经历的国家和地区分篇，记述各国（地区）的政治、经济、军事、文化、历史、地理等情况。当然也涉及各国或者是地区的很多情况，如海程距离、辖境、地形、气候、降水、土壤、物产、种族、刑法、宗教、古迹、商业、货币、市镇、度量衡、奇珍异兽、马戏伎艺、传说故事……内容特别丰富。例如，《西洋番国志》中记述的祖法儿国（今阿拉伯半岛南部阿曼佐法尔）："其国边海倚山，无城郭。东南大海，西北重山……土产乳香，其香乃树脂。……此处气候常如八九月，不热不冷。米、麦、豆、粟、稷、黍、麻、谷及诸蔬菜、瓜、茄、牛、马、驴、猫、犬、鸡、鸭皆有。山中亦有驼鸡（鸵鸟）……其地出骆驼，有单峰双峰者，国人皆骑坐，亦杀卖其肉。"

总而言之，在15世纪初的30年中，郑和曾经率船队七次下西洋，其活动范围从北纬32°至南纬10°；东经125°至40°之间，几乎占地球周长的1/4。而所到的37个国家中，最西到达索马里的摩加迪沙、布拉瓦，这是古代中国人在西洋活动范围最大、记录最翔实的第一次。在这里需要特别说明的是，在郑和成功地打通经印度洋到非洲的航道，半个多世纪之后的1480年，西方狄亚士才发现了有可能来东方的好望角；更迟到1498年，达·迦马才到达印度，使得通往东方的印度航道得到了打通。所以，郑和下西洋的航海活动意义非凡。

第三章

古代地形和气候

地形是构成地理环境的基本要素之一。我国古代地理知识中，地形知识也是重要的一个方面，而且内容还相当丰富。

气候是地理环境的重要组成部分之一，我国古代人民对气候现象，较早就有了认识。所谓气候现象，主要指季节性出现的物候现象。熟悉这类现象，才能从这类现象中归纳出“季节”这个抽象概念来。

第一节 中国古代地形

古代地形学

沈括于熙宁七年（1074 年），察访浙东温、台等州，见到雁荡山区“诸峰皆峭拔险怪，穹崖巨谷不类他山，皆包在诸谷中，自岭外望之，都无所见，至谷中，则森然干霄”。他推究成因是由于流水的侵蚀作用，他说：“当是为谷中大水冲激，沙土尽去，惟有巨石巍然挺立耳。”同样，“如大、小龙湫、水帘、初月谷之类，皆是水凿之穴”。沈括还观察出岩性不同，流水侵蚀作用所形成的地形，也有差异。他把温、台地区石质丘陵山地与陕西黄土高原的流水侵蚀地形作了比较，他说：“今成皋陕西大河中，立土动及百尺，迥然耸立，亦雁荡具体而微者，但此土彼石耳。”

沈括通过野外考察，论述了流水的侵蚀作用和侵蚀地貌，还论述了流水的堆积作用和华北大平原的成因。他说：“尧殛鲧于禹山，旧说在东海中，今乃在平陆。凡大河、漳水、滹沱、涿水、桑干之类，悉是浊流。今关陕以西，水行地中不减百余尺，其泥岁东流，皆为大陆之土，其理必然。”

沈括通过野外考察，还论述了海陆变迁的事实。他奉使河北时，“边太行而北”，途中见到“山崖之间，往往衔螺蚌壳及石子如鸟卵者，横亘石壁如带”。这是“沧海桑田”的地质构造上的证据，沈括作了科学的推论：“此乃昔之海滨，今东距海已近千里，所谓大陆者，皆浊泥所湮耳。”

沈括曾亲自利用“水平望尺”对流水冲积作用所形成的平原的地势做了实测。宋代自祥符年间以后，汴渠历二十年之久没有疏浚，河床淤积自“京城（开封）东水门，下至雍丘、襄邑，河底皆高堤外平地一丈二尺余，自汴堤下瞰居民，如在深谷”。熙宁中，计划疏洛水入汴。沈括尝因出使，按行汴

渠，亲自利用“水平望尺”对自京师上善门至泗州淮口之间“凡八百四十一里一百三十步”的地势，进行水准测量，得出的地面高差是“京师之地比泗州，凡高十九丈四尺八寸六分”。他还在“京城”东数里，“自渠中穿井，至三丈方见旧底”，来验证汴河的堆积厚度。

河流堆积地形

河流堆积地形，在《尔雅·释水》中已有多种。河流在河床内的堆积以黄河最为显著，因而很早就有记录。如《考工记》中有“大川之上，必有涂焉”，就是一例。黄河称为浊河，河床高出平地，战国时即已有记述。《汉书·沟洫志》则有地上河的记载：“从堤上北望，河高出民屋。”“至淇口，水适至堤半，计出地上五尺。”“河水高于平地，岁增堤防，犹尚决溢，不可以开渠。”宋代，沈括详细记录了黄河的淤积情况，写道：“自汴流堙淀，京城东水门下至雍丘、襄邑，河底皆高出堤外平地一丈二尺余。自汴堤下瞰民居，如在深谷。熙宁中，议改疏洛水入汴，予常因出使，按行汴渠，自京师上善门量至泗州淮口，凡八百四十里一百三十步。地势，京师之地比泗州凡高十九丈四尺八寸六分。于京城东数里白渠中穿井，至三丈方见旧底。”白渠开于公元前131年，到宋代已有1200年的历史。在这1200年间，淤高了3丈。由于河道淤高，常常泛滥，发生水灾。故《宋史·河渠志》说：“填淤渐高，堤防岁增，未免泛滥。”

长江的河道堆积以沙洲的形式出现。南朝宋盛弘之《荆州记》云：“枝江县西至上明，东及江津。其中有九十九洲……至宋文帝在藩，忽生一洲。”宋代，已有沙洲并岸的记载，如张大昌在《曲江复对》中说：“广陵自有曲江，当在今瓜州

地理风光

之北。而曲江自有其涛。唐以后渐为沙所涨没，江之不存，涛于何有?”

沈括则利用沉积相来判断地形变化，这是很科学的。他说：“予奉使河北，边太行而北。山崖之间，往往衔螺蚌壳及石子如鸟卵者，横亘石壁如带，此乃昔之海滨。今东距海已近千里，所谓大陆者皆为浊泥所湮耳。尧殛鲧于羽山，旧说在东海中，今乃在平陆。”螺蚌是水生动物，卵石乃是经流水长久搬运磨圆的相，水平排列，这是沉积相的特色。沈括根据沉积物的相型，说明华北平原是由黄河东流沙泥沉积而成。这个论断是十分正确的。

知识链接

大地为何存在沉浮升降

沧海桑田不断变化。究竟大西洲是否存在过，这需要我们用科学来找到证据。古希腊著名的哲学家兼数学家柏拉图（公元前427—前347年）曾在他的两篇对话著作史中详细记载着一个传说：大约是在距当时9000年前，大西洋中有一个岛屿，其面积非常大，名为大西洲。其气候较为温和湿润，有着茂密的森林，景色迷人，而且还盛产黄金。在这个岛上有一个非常发达的国家，其被十个酋长统治，每隔十年聚会一次，其目的就是商议国家大事。在国都的山顶上建有一个非常漂亮的宫殿。这个国家实力非常强，不仅统治附近的一些岛屿，而且还对对岸大陆上的一些地方有支配权。就是凭着自己强大的经济和军事实力，它还对欧洲和非洲发动过战争。但是，后来因为自然灾害——地震，这个国家在一天一夜间就消失在了大西洋中。

无论是喜马拉雅山的崛起，还是尚未解开的大西洲之谜，这都说明了沧海会变为桑田，当然这也是不以人的意志为转移的客观规律。之所以会出现这样的变化，是因为地壳在不断地运动。随着地壳的运动，某些地区的陆地沉降或者抬升，进而导致周围海面的变化。在这里需要说明的是，地壳运动不是一朝一夕的，而是缓缓地进行，所以地质历史是非常漫长的。地壳运动一直在进行，从未停止。

第二节 中国古代气候

气候的由来

在古代，“气候”一词的意义总是与“天气”一词相混淆。例如，谢灵运《石壁精舍还湖中》诗说：“昏旦变气候，山水含清晖。”然而，其也有与现代“气候”意义相近的情况，如白居易《雪中即事答微之》诗说：“莫道烟波一水隔，何妨气候两乡殊。”

那究竟古代的气候是在何时具有现代意义的气候呢？这很难被证明。在《黄帝内经素问·六事藏象论》中，分别提出了“气”和“候”两个字的定义说：“五日谓之候，三候谓之气，六气谓之时，四时谓之岁。”这里，“候”字首先是意味着一个短时段结束，正待进入下一个短时段的意思。在我国古代，一天定为十二个时辰，各个时辰各用一个天干和一个地支配合来称呼。十个天干，十二个地支可依次配合成六十种方式，而五天共六十个时辰，正好配完这六十种方式，因此五天可以作为一个短周期，称为“候”。到了第六天，就要开始另一个“候”了。这五天一候，是由于采用了干支纪时法所造成的，并没有什么具体意义。但另一方面，这一段话中，是将“候”与“岁”“时”“气”等并列的，而且是将“候”作为“岁”“时”“气”等较长时段的组成成分来看的。“岁”指一个周年；“四时”谓之“岁”，说明“四时”即“四季”；“六气谓之时”，则一年四季当有二十四气，可见“气”即“节气”。因此“岁”“时”“气”，事实上即分指一年、四季、二十四节气。这些概念是在归纳季节性物候现象（包括天文现象）后得出的。“候”即是“岁”“时”“气”的组成部分。

所以其中也应有季节性物候变化与之相应。在《逸周书·时训解》中，已对一年各候的物候现象有所罗列，具体体现了“三候谓之气”的概念。这里，既然“候”与“气”连用，而气已指二十四节气，说明“气候”一词必然是在二十四节气名称出现以后才形成的。

气候不仅有季节性的含义，还有地域性差异的特点。一个名词的形成，是以已有的概念或事物为前提的，名词只是为总结或规定已存在的概念或事物的特点而确定的。所以“气候”这一概念，远在“气候”一词形成之时就已存在。例如：在《山海经·大荒北经》中曾经谈到下面的传说：黄帝在打败炎帝神农氏后，就派了天上能致雨的“应龙”和能致旱的“女魃”来收拾蚩尤，经过了剧烈的鏖战，虽然蚩尤被打败了，但“应龙”和“女魃”这两个怪物却回不了天庭，于是女魃就只好停留在我国北方，“应龙”却遁到我国南方。这一番话看来是带有神话色彩的，但是如果我们抹去这些神话色彩，可以看出我国上古时代，人们已具有“北方多旱，南方多雨”的正确气候知识。只是那时由于科学知识的缺乏，只能用女魃留在北方，应龙跑到南方来作解释而已。分析这个传说，可以认为那时人们已认识到气候有地区性差别的概念了。

早期的物候概念

较早将“物候”两字作为一词使用的，见于南朝梁简文帝的《晚春赋》。赋中说：“嗟时序之迴斡，欺物候之推移。”但在未有“物候”一词之前，人们早已有物候的概念。农事安排也是基于作物生长发育与季节的关系才能得出的。有意义的是：在人类活动这栏内，有同声异韵的“析、因、夷、奥”四字，此在《山海经》的《大荒东经》《大荒南经》《大荒西经》及殷代甲骨文中，已多次发现。按《山海经》及甲骨文，这四者分别指东南西北四方位的神名，或祭名。此四神分掌东、南、西、北的风。从性质来说，这四方的风有温、热、凉、寒的特点，在我国东部，这四方的风又是春、夏、秋、冬四季的主导风向。据清曾钊的《虞书命羲和章解》（岭南遗书本），“析”是散布在野的意思；“因”与“襄”同义，是解衣而耕的意思；“夷”是怡悦的意思；“奥”是入室内隐奥处的意思。既然甲骨文中已有这些活动，说明《尧典》的物候现象，至少可追溯到殷代。

事实上在殷代，古代人民也的确对物候现象已有应用。例如甲骨文的春、秋两字，“春”字像树木抽出的柔枝嫩叶；“秋”字像禾穗成熟下垂；而“抽

地理风光

枝叶”“禾成熟”，不正是“春、秋”两季的物候吗？因此，“春、秋”两个字，是表示物候的象形文字。

《夏小正》这部物候专著，虽非夏代的作品，但内容包括我国上古人民对物候的认识是无疑的。仅就自然界动植物的物候来说，共包括鸟兽鱼虫及植物各类物候现象有68条之多。另有气象现象7条，农事及畜牧11条，是按月编排的。这种基于细致观测物候而归纳出的古代物候著作，在世界上也是少见的。

《诗经》中也包含流传在群众中的物候经验。例如，《诗·豳风·七月》说“五月斯螽动股，六月莎鸡振羽，七月在野，八月在宇，九月在户，十月蟋蟀入我床下”。这一系列月份都有物侯相配合。在同篇中有“四月秀葽（草名），五月鸣蜩，八月其获，十月陨箨”，而葽草开花，蝉叫、稻熟、草木掉叶，也都是物候。

自战国末期到秦汉之际，对于物候就更加重视。但是，主要的三部书《吕氏春秋》《礼记·月令》《淮南子》所载的物候十分相似，而且可以看出与《夏小正》的渊源关系。《逸周书·时训解》最早把一年分为七十二候，以五天为一候，每一候用一种自然现象的反应（物候）来表示。这体现了《黄帝内经素问》中五日为候的概念，都是要将二十四节气和七十二候并合为一个体系。其中的物候，基本上是采用《吕氏春秋》《礼记·月令》《淮南子》等书所列的，这些书中各月的物候都是泛指各月的情况，而《逸周书·时训解》却把这些物候中各月找出六个，硬规定它们分别属于该月某一候。有时因为无法凑足六个，就硬把一个物候现象割裂开来，分属两候。而且一些不科学的内容，如田鼠化鴽、鹰化鸠、腐草为萤、雀入大水化为蛤、雉入大水化为蜃等，也原封不动地搬入七十二候内，很明显，五天时间很短，物

候现象出现的因子较为复杂，往往包含有天气变化的影响，要想一年中用某五天时期来束缚一个物候现象，本身就不合适。

此外，二十四节气和七十二候应，并不是一个体系，由于《逸周书·时训解》要将它们硬归入同一体系，就出现了不少矛盾现象。例如，惊蛰的三个候中，未列惊蛰的候应。而有关惊蛰的候应（如雷乃发声、始电等）却出现在春分三候中。白露的候应不出现于白露节气内，却出现于立秋节气的第二候。

虽然有上述缺点和矛盾，但《逸周书·时训解》的七十二候应一出，却推动了人们对物候现象的重视。例如，《易纬通卦验》中列有不少有关节气的物候经验。如“立夏，清明风，至，暑鹊鸣。播谷，飞电，见龙（龙指心星）升天”，“条风至而杨柳津；景风至而搏劳鸣，虾蟆无声；凉风至而鹤鸣；阊阖风至而蜻蛚吟；日至而泉跃”等。《春秋考异邮》中有“戴任出，蚕期起”，“立秋促织鸣”等。北魏贾思勰《齐民要术》中有“杏花盛，桑椹赤，可种大豆，谓之上时”等。宗懔《荆楚岁时记》有“四月有鸟名获谷，其名自呼，农人候此鸟则犁耙上岸”。

世界上最早的子午线实测

关于子午线长度的知识，古代希腊天文、地理学家埃拉托色尼（公元前273—前192年）在测算地球周长的时候，就曾经估算过子午线的弧长，但这并没有经过实际检测。世界上第一次进行子午线长度实测的是我国唐代一行和尚在开元十二年（724年）进行的大地测量。一行（683—727年）本名张遂，唐魏州昌乐（今河南南乐）人。他从小就特别喜欢读书，可谓是博览群书，涉及天文、历象、阴阳五行等方面的书，其中最感兴趣的就是天文历象。在一行青年时代，因为其知识渊博，在首都长安就已经小有名气。在武则天当政时，为了躲避权贵武三思的拉拢，他离开京城逃往嵩山，然后削发为僧，取名一行，历史上称其为僧一行，不久之后，一行就成为佛教密宗的领袖。在唐玄宗继位之后，在开元初年，唐玄宗把一行招到长安来，让其担任天文方面的工作，主持编制新历法、制造天文仪器和从事大地测量。

据《新唐书·天文志》《唐会要》等史书记载，唐玄宗在开元十二年（724年）为编定历法提供天象资料，而且由僧一行主持，南宫说等人参加，当时，他们在全国各地的10多处基点进行了大地测量工作。

其中主要的四个测点分别为滑州白马（今河南滑县）、汴州浚仪太岳台（今河南开封市西北）、许州扶沟（今河南扶沟）、豫州上蔡武津馆（今河南上蔡）。他们首先测出各个点在冬至、夏至和春分、秋分日同一时刻的日影长，然后再同时测出各点的北极高，而且实测出这四个点的相互距离。因为四个点相互经度位置特别近，所以最后换算得出，南北“大率三百五十一里八十步，而极差一度”的结论（《新唐书·天文志》）。

在唐代时期，一里为300步，一步为五尺；一周天为365.25°。如果是换算成现代地球度数和距离，即南北相距129.22千米，北极高度相差1°，也就是地球上子午线1°相对地表弧长为129.22千米。

如果是按照现代科学进行测量，位于北纬33°~36°地区的子午线弧长1°约为111千米。这足以说明，一行等人进行测量的结果存在很大的误差。然而，这并不能抹杀其是世界上最早进行子午线长度实测的事实，比世界上著名的阿拉伯天文学家阿尔·花剌子模等人在幼发拉底河地区的科学测量早90年。同时，它也纠正了我国历史上传统的“日影千里差一寸”的错误观点。除此之外，一行等人最早把地理纬度测量与距离相结合，为后来天文学大地测量提供了有利条件。

但是其中还是存在很多的缺点，因为当时的测量主要是为编写历法服务，所以并没有将这一成果推广到地图制作中，更没有得到普及，所以对中国传统并没有革故鼎新。

知识链接

颜真卿与海陆变迁的认识

众所周知，唐代颜真卿（709—785年）是书法家。殊不知，颜真卿还是我国第一位以观察事实论证海陆变迁科学思想的人。

纵观中国海陆发展史可以得知，海陆曾经多次发生变化。但是，古时候，因为受技术手段和思想认识的限制，人们并没有意识到海陆是不断发生

变化的。

关于海陆变迁的思想，有很多著作都曾经提到，如隋代的《区宇图志》(129卷)、《隋诸州郡图经》(100卷)；唐代李泰《括地志》(550卷，今辑佚本为八卷)、李吉甫《元和郡县图志》(42卷)；宋代乐史《太平寰宇记》(200卷)、王存《元丰九域志》(10卷)、欧阳忞《舆地广记》(38卷)、王象之《舆地纪胜》(200卷)、祝穆《方舆胜览》(70卷)……除此之外，还有非常多的地方志来进行记载，到目前为止，仅能够见到的就有20多种，如宋代范成大的《吴郡志》；乾道、淳祐、咸淳三朝修的《临安志》……特别是唐代李吉甫《元和郡县图志》、宋代乐史《太平寰宇记》的出现，奠定了中国古代传统地志写作的基本体例规范。

《元和郡县图志》主要是记述各地史地情况的著作。它是以唐宪宗元和八年(813年)全国的十道所属府州县为纲，分沿革、户口、四至八到、山川、贡赋、古迹等内容。到北宋乐史修纂《太平寰宇记》的时候，李吉甫以当时(雍熙四年，即987年)的行政区划道为纲，以府县为纬，因袭《元和郡县图志》的记述门类，同时又另外增设了风俗、姓氏、艺文、土产、四裔等门类，使得地志的内容更趋向于史传化，当然还有一个重大变化是减少地理内容的比重。在这里需要特别说明的是，乐史的这一体例对后来撰修地理志、地方志有着非常大的影响。南宋的《舆地广纪》《舆地纪胜》《方舆胜览》等都是仿照乐史的体例，甚至还对非地理的史传内容进行了补充。随后的官方全国地理总志——元明清三朝的《一统志》，以及明清兴盛的各地地方志的编修，大都依据《太平寰宇记》的体例、门类为蓝本，没有多少改变。所以，《四库全书总目提要》卷六八称："后来方志必列入物艺文志，其体皆始于史(乐史)。盖地理之书，记载至是书(《太平寰宇记》)而始详，体例亦自是而大变。"可见，乐史《太平寰宇记》的出现，标志着中国古代地理著作得到了重大发展和著作体例规范化的形成。

第四章

古代自然地理和海洋地理

我国古代的自然地理知识和海洋地理知识浩如烟海，构成了我国古代地理的一道独特风景线。本章主要叙述我国的地势、土壤、水和地貌的基本情况，以及我国海洋地理的发展和海洋资源的利用。

第一节 中国古代自然地理

地势

关于对全国山脉体系的认识，清朝初期顾炎武等人引用明末王士性《五岳游草》的论述，对当时人们对全国山脉的认识进行了阐述。清初，康熙在国内进行了大规模的地图测量，特别是乾隆继位之后对新疆等地的扩测，这促进了当时人们对中国地理的认识，最重要的是对中国山脉体系有了许多新的见解，如清代后期魏源的《葱岭三干考》云：“葱岭即昆仑，其东出之山分为三大干，以北干为正。北干自天山起祖，自伊犁绕宰桑泊（斋桑泊）之北，而趋阿尔泰山；东走杭爱山，起肯特岭，为外兴安岭，包外蒙古各部，绵亘而东，直抵混同入海，其北尽于俄罗斯阿尔泰山为正干。故引度长荒，东趋巴里坤哈密者乃其分支。分支短，尽乎安西州之布隆谷河。中干自于阗南山起祖，经青海，由三危积石，绕套外为贺兰山、阴山，历归化城宣府至独石口外之多伦湖而起内兴安岭，至内蒙各部而为辽东之长白山，以尽于朝鲜、日本。复分数支，其在大漠内黄河北者为北支；在黄河南、汉水北者为中支；

地理风光

汉水南、江水北者为南支。南干自阿里之冈底斯山起祖，起阿里东为卫藏，入四川、云南，东趋两粤，起五岭，循八闽，以尽于台湾、琉球。”（《小方壶斋舆地丛钞》第四帙）在他看来，中国境内主要有三条山脉体系。其中北干为阿尔泰山、杭爱山、外兴安岭一线，其南天山为北干的分支山脉。而中干以昆仑山向东，经积石山、阿尼玛卿山分为三支：北支由此向东北经贺兰山、阴山、兴安岭、长白山；中支为秦岭、伏牛山；南支为大巴山。南干似自冈底斯山、巴颜喀拉山、横断山脉到南岭。

虽然魏源的论述存在很多问题，但是其基本勾勒出了几条主要山脉干线，特别是把关于东南丘陵作为山脉体系的观念删除了，使山系的范围得到了更加全面的认识。

清朝初期对国内各区域的地理也有了较为清晰的认识。顾炎武在《天下郡国利病书》中对全国各省会（政治、经济中心）的形成与周围地理环境的关系进行了详细论述。

土壤与地貌

土壤与地貌的关系在《左传》和《管子·地员》中有所叙述。《左传》中讲到4种与地形有关的土壤。一是“京陵”，这种土壤，有人解释：“绝高曰京、大阜曰陵，也就是高山上的田土。”二是“偃猪”，“偃”就是卑湿之地；“猪”是潴水之地。就是说，“偃猪”为沼泽土之类。三是“原防”，“原”是广平之地，“防”是堤间之地。四是“衍沃”，“衍”是高平美沃之地，“沃”是低平美沃之地，是最好的土地。在《管子·地员》中，前半部分是按地势高下，分平原、丘陵、山地来叙述各种土壤。先讲平原上的5种土壤：息土（粟土）、赤垆、黄唐、斥埴、黑埴。然后讲丘陵、山地的土壤：赘山赤壤，锉山自壤，徒山灰壤，高陵土山。这两本书的记载表明，不同的地貌会有不同的土壤类型。

成书于1149年的《陈尃农书》，对土壤与地貌的关系说得比较仔细，颇有道理。书云：“夫山、川、原隰、江湖薮泽，其高下之势既异，则寒燠肥瘠各不同。大率高地多寒，泉冽而土冷，传所谓高山多冬，以言常风寒也，且易以旱干。下地多肥饶，易以淹浸。故治之各有宜也。”这段话指出：由于山川、平原、江湖、薮泽，高度不同，气温各异，因此会影响到土壤的肥瘦。

茶园

高地气温低，水土寒冷，常多寒风，易干旱。而高度不大的低地上的土壤就比高地上的土壤肥沃富饶，缺点是容易被水淹。陈旉的观察和论述是正确的，说明了地貌影响土壤的部分原因。袁黄《宝坻劝农书》也说，由于地势的差异，土壤类型有所不同。“高者白壤而或兼赤，下者青墟。” “高者埴墟，下者纯涂泥。”1801 年重修的《增城县志》卷 1，在讲广东增城县不同地形部位的土壤时说：“其土五色咸备，原隰多黄，丘陵多赤，坟衍多白，山林川泽多青黎。”

清代吴颎炎对山地不同坡向上的土壤宜种什么植物做了记录：“其赤白土者，阴宜植茶，阳宜植竹，或以油桐为宜，或种松、杉、鹇臼也。其黑黄土者，阴宜松杉，阳宜树漆。收利略远，而计入十倍。”

上述著作的作者都看出了地貌对于土壤的明显影响，指出山地土壤贫瘠，平川土壤肥沃。古代的人还不可能找出发生这个客观现象的全部原因。只有在现代土壤科学诞生之后，才知道其所以如此，除了气候条件外，还因为山地的淋洗作用大，有机质和易溶于水的矿物质容易被水淋溶冲走，甚至表层疏松土也被冲走。这样一来，自然山地土壤比平原土壤瘦瘠。平川地不仅淋洗作用比山地轻，而且还可以把从山地冲刷下来的部分有机质和矿物质沉积下来，增加肥料，使平川地的土壤肥沃。

土壤与水

土壤中有机物或无机物的迁移、循环、积累，主要是靠水来完成的。水在土壤中的重要性，春秋战国时代人们已有了认识。那时对内陆地区的盐碱地和海滨盐碱地的改良，使“终古舄卤生稻粱”的主要办法就是改善排灌系统，把土壤中的盐碱物质通过水的溶解、水的流动把它带走。也就是用水洗

盐碱。对这个问题最先从理论上加以解释的是《尚书·洪范》，书云："水曰润下……润下作咸。"西汉孔安国对此作了说明，说："水曰润下，自然之常性……润下作咸，水卤所生。"唐孔颖达又作进一步的疏释，说："润下，言其自然之本性"，"水性本甘，久侵其地，变而为卤，卤味乃成"。这就把水溶解土壤中盐分的过程讲清楚了。西汉哀帝时的贾让，在《治河三策》中，具体讲了水在盐碱地里不仅是有"润下"的运动，而且有"上彻"的运动。"上彻"运动就是水沿毛细管从土壤的底层向表层的运动。因此，水可以洗盐碱，但水也可以使上层土壤的盐碱化加重。在用水的过程中，必须掌握上述两种水在土壤中的运动规律，才能达到改土的目的。贾让说："通渠有三利，不通有三害。民常罢于救水，半失作业；水行地上，奏润上彻，民则病湿气，木皆立枯，卤不生谷……若有渠溉，则盐卤下湿，填淤加肥，故种禾麦，更为杭稻，高田五倍，下田十倍。"贾让着重指出了排水的重要性，如果不排水，水在地上漫流之后，使地下水位升高，地下的盐碱物质会随水往上移动，从而加重土壤表层的盐碱化，致使树木枯死，居民生病，地不能种庄稼。如果有渠道排灌，降低地下水位，那么地下的盐碱物质不但不向上移动，而且会往下移动。再加上河水泥沙的淤灌，等于上一层肥，庄稼的收获量自然会增加数倍。袁黄《宝坻劝农书》对用淡水改良盐碱土也有很好的论述。他写道："濒海之地，潮水往来，淤泥常积，有鹹草丛生。此须挑沟筑岸，或树立椿橛，以抵潮汛。其田形中间高，两边下，不及十数丈即为小沟，百数丈即为中沟，千数丈即为大沟，以注雨潦，此甜水淡水也。其地初种水稗，斥卤既尽，渐可种稻。所谓潟斥卤兮生稻粱，非虚语也。"他讲得很有道理，田形中间高，两边低，周围开大小沟渠，这既降低了地下水位，又便于用淡水灌溉洗盐碱。此外，徐光启还讲到土壤与水质的关系，说："若赤埴土，其水味恶……若散沙土，水味稍淡；若黑汶土，其水良（黑汶者，色黑稍粘也）。若沙中带细石子者，其水最良。"自然，这里讲的不是土壤表层水的问题，而是地下水的问题了。不是水对土壤有什么影响，而是土壤对水质的影响。从这里可以看出，水与土壤的相互作用和相互影响，古人都已注意到了。总之，我国古代对水土之间的关系已有了一定的认识水平，并把这种认识运用到了生产实践中。

知识链接

西岳华山

华山位于陕西省华阴县境内，是五岳中的西岳。在五岳中，华山最为险峻，有“华山自古一条路”的说法。而且还被称为“奇险天下第一山”。

关于华山之名的说法有很多种来源。通常来说，其名字与华山山峰如同一朵莲花有着密切关系。古时候“华”与“花”通用，正如《水经注》所说：“远而望之若花状，故名。”华山有五峰，即东峰、西峰、南峰、北峰和中峰。东峰是华山的奇峰之一，由于东峰的峰顶有朝台可以观看日出和美景，所以又被称为朝阳峰。北峰也叫云台峰，山势较为险峻。三面都是绝壁，只有一条山道通往南面山岭，电影《智取华山》就是取材于此西峰，即莲花峰，在峰顶有一块“斧劈石”。相传神话故事《宝莲灯》中的沉香劈山救母就在这里发生。南峰即落雁峰，是华山主峰，海拔 2160 米，同时也是华山最险峰，在南峰上面生长着苍松翠柏，树木生长较为繁茂。峰东有凌空飞架的长空栈道，中峰也被称为玉女峰，靠近东峰西壁，是通往东、西、南三峰的关键位置。

虽然华山山路较为险要，但是其风景宜人，沿山路从玉泉院到苍龙岭可以看到许多胜景，令人心旷神怡。如果是爬山的话，到青柯坪以东才算真正开始，在这里有一块巨大的回心石，如果站在石头上，然后往下看就是危崖峭壁、突兀凌空的“千尺幢”，如果登山者胆子比较小的话就不会再继续前行。只有那些胆子比较大，勇攀高峰的人才能真正领略到华山险峰更美的风光。在千尺幢窄陡的石梯上只能容下一个人，总共有 370 多个石级，如果不扶着铁索，根本难以攀爬。过千尺幢经百尺峡后就到了“老君犁沟”，这是万千陡峭绝壁之间的一条沟状道路，有 570 多个石级，其尽头是“猢狲愁”。也就是说即使是猴子也发愁，可见其陡峭之程度。过了“猢狲愁”就到了华山北峰。北峰海拔 1614. 9 米，为华山主峰之一，因为其位置较为靠北，所以得此名。北峰四面悬绝，上冠景云，下通地脉，因为有很

多云台，所以又被称为云台峰。云台峰背面是白云峰，东近量掌山，上通东西南三峰，下接沟幢峡危道，峰头是由几组巨石拼接而成的。在其顶有平台，原来有倚云亭，现在仍然存有遗址，是南望华山三峰的好地方。因为树木较为葱郁，所以也是中途休息的好地方。

第二节 中国古代海洋地理

水道著作的重视

据《通志·地理略》记载，我国宋代著名学者郑樵曾说："水者，地之脉络也。水道明而凡邦国都鄙之星罗绣错者，因此别焉。"这足以说明了在我国古代地理研究中，水道是非常重要的。在清代地理研究中更是如此。在清代时期，除了汇编过去的河流水系资料之外，还有几部著名的全国水道著作和区域水道著作问世，这就是由傅泽洪、黎世序等人先后主编的《行水金鉴》《续行水金鉴》和齐召南的《水道提纲》、徐松的《西域水道记》。

《行水金鉴》是由傅泽洪主编、郑元庆编辑的，它是我国第一部，也是至今最详备的一部水利文献汇集，它总括很多方面的内容，如黄河、淮河等流域水道变迁、水利工程和行政管理情况……全书175卷（卷首附图一卷），约120万字，几乎囊括上古至清康熙末年的所有水利资料。可以与历史上的任何

曾经的罗布泊如今已是沙漠

水利著作、地理著作、方志、杂史、传记等相媲美。只要是与河道有关的任何事项，《行水金鉴》都有收集，然后以时代先后，分门别类排列辑录资料。因此，这部书所涉及的资料是非常丰富和系统的，它是我国古代水道著作中最系统、全面的文献资料，为后人研究水利方面提供了有利材料。《续行水金鉴》是黎世序等人仿《行水金鉴》体例，辑录了清雍正初年到嘉庆末年的水道资料，全书156卷（卷首图一卷），约200万字。在其后的民国初年，武同举等又编辑了《再续行水金鉴》200卷，主要是辑录了道光至宣统年间的水道资料。《行水金鉴》《续行水金鉴》和《再续行水金鉴》共同构成了我国历史上，上启远古下及清末，数千年间首尾相连的水道文献资料，是中国古代地理著作中的重大举措。《水道提纲》是清代中期齐召南撰著的一部全国水道著作，它仿照《水经注》的体例，全书共28卷，包括自序、目次和正文三部分。虽然是模拟《水经注》的体例，但是在内容上却突破了《水经注》的范围。例如，与《水经注》相比，《水道提纲》扩大了长江水系的记述，而且还增加了新疆、西藏地区的水道。总之，它是继《水经注》后第一部大规模的全国水道著作，较为全面地记录和反映了当时地理研究的新认识。

《西域水道记》是徐松编撰的一部典型的区域水道著作，它是我国关于新疆地区水道情况进行最全面、最深入记录的第一部著作。这部著作也是仿《水经注》体例，分为两部分，即“记文”和“释文”。其“记文”相当于《水经注》的“经”文，非常简单明了，主要是对水道流经的脉络，分合汇注情况进行了叙述。“释文”相当于《水经注》的“注”文，其较为详细，而内容也是非常丰富的，在详细描述河流本身情况的基础上，还对河流流经地区的人文情况进行了记述。尤其是根据内陆河流的特征，徐松创造性地依湖泊为区划单元，把所记述地区的河流划分为11个区（湖）。所以，全书也分成五卷12篇：

卷一罗布淖尔（罗布泊）所受水上

卷二罗布淖尔所受水下

卷三哈喇淖尔（哈拉湖）所受水

巴尔库勒淖尔（巴里坤湖）所受水

额彬格逊淖尔（玛纳斯湖）所受水

哈喇塔拉额西柯淖尔（艾比湖）所受水

卷四巴勒喀什淖尔（巴尔喀什湖）所受水

卷五赛喇木淖尔（赛里木湖）所受水

特穆尔图淖尔（伊塞克湖）所受水

阿拉克图勒淖尔（阿拉湖）所受水

葛勒札尔巴什淖尔（布伦托海）所受水

宰桑淖尔（斋桑泊）所受水

从《西域水道记》所列的湖泊水系，我们可以看出，其记述了当时西自巴尔喀什湖，东自巴里坤湖流域，南界昆仑山，北达今哈萨克斯坦境内斋桑泊流域这一广大范围的河流情况。同时，它充分吸收了清朝对实际情况的考察，将其编辑成书。因此，其所述内容较为客观、全面，而且准确。它不仅是中国地理界的杰作，而且也代表了当时水道地理著作的新水平。

海洋风暴预报

大风是我国海区主要灾害性天气之一。古代水手十分重视风暴的预测预报。清吴震方《岭南杂记》中说："大海之中台飓一至，扶樯覆舟，而人牲命随之。后之习于海道者，设为占候之法，以定趋避，或按节序，或辨云日，或察草木，十取九验。稍师渔子，罔不通晓。"古代预测预报海洋风暴的方法不少，主要有风信、天象和海象等方面。

1. 风信

"海上飓风时作，然岁有常期，或逾期或不及期，所爽不过三日，别有风期可考。"明张燮《东西洋考》专门有"逐月定日恶风"部分，定出一年十二个月中，各月的有风日期，平均每月有三四个日期，如"三月初九、十二、二十四日，有大风雨"。"八月初三、初八、十七、二十七日，有大风。"古代称这种有风的日期为"暴日"或"飓日"，同治《福建通志》《香祖笔记》《台海使槎录》《岭南杂记》等书均记载一年中"暴日"或"飓日"的具体日

期和名称，如正月初四接神飓、初九日玉皇飓、十八日彭祖婆飓、廿四日洗炊笼飓、七月十五日鬼飓、八月一日灶君飓……各书记载的暴日名称往往大同小异。《顺风相送》“逐月恶风条”和《东西洋考》卷9“逐月定日恶风条”中的十二个月的风期，虽然都是明代的风信，但其中日期彼此有差别。由此可见“飓日”或“暴日”的具体日期不一定准确。但这并非说明古代风信预报不科学或无实用价值。用暴日或飓日预报风暴，关键在于其出现频率。暴日或飓日在不同季节或月份相对集中或分散，可以反映这一时期风暴活动的频率。频率小的季节和月份利于航行，反之就有一定的危险。

为了更好地预报风暴，有些书进一步分析一年中风信的特点及其与航海的关系。清徐宗干《测海录》有“十二辰风雨记（表）”，其中不仅有台湾海峡全年十二个月多风日期表，还总结了不同时期风的特点和航运关系。“春夏风不胜帆，船小者速。秋冬帆不胜风，船大者稳。春暴畏始，冬暴畏终。南风多间，北风少断。以四、五、八、十等月为稳。最忌六、七、十二月。”同治《福建通志》也有这类分析：“三春飓期最多，舟行宜戒。自清明后，南风司令。四、五月风飓皆轻，往来甚稳……六、七月北风一起，飓风立至……八月白露节后，北风应候，船行迅驶。九月风每经旬是名九降……舟不可行。十月小春，天气晴暖，风波恬和，最为利涉。十一、十二两月朔风凛冽，无日不风，乘风隙以往来。若冬春之交，风信难定，尤须戒心。春飓畏始，冬飓怕终。”

我国海区，六级以上的大风四季都有出现。古代暴日或飓日逐月均有，是反映了实际情况的。显然古代暴日或飓日不仅包括寒潮大风，也包括台风。但是台风毕竟和寒潮大风有区别。彼此在航海上造成的危险性也不相同。台风由海洋吹向大陆，可以形成相当大的风浪。因此古代有“船在洋中遇飓犹可，遇飚难当”的说法。台风一年四季都会发生，但主要发生在夏季，古代对此也有认识。《琉球国志略》：“正、二、三、四月多飓，五、六、七、八月多台。”《舟师绳墨》：“立冬北风虽大不为台，夏至以后北风一起即有风台。”《香祖笔记》《岭南杂记》《台海杂记》、同治《福建通志》等书均有同样说法。

2. 气象

《测海录》：“海可测乎，测之以天时而已，测之风信而已”，可见预测预

报海洋风暴的方法，除了风信，还可直接观察气象。古代常用云、虹、雾、露、雷电等天气现象来预报风暴。南宋《梦粱录》："舟师验云气则知风色逆顺，毫发无差。"说明这种预测预报，在古代已达到一定水平。这类预报记载很多。唐黄子发《相雨书·候气》："三日有雾濛濛者，狂飚大起。"明《顺风相送》："云从东起必有东风，从西起必有西风，南北亦然。云片片相逐围绕日光，主有风。云行急主大风。日月晕，主大风，云脚日色已赤，太自昼见，三星摇动，主大风。每遇日入，夜观于四方之上，若有星摇动，主有大风。"明代其他航海书如《东西洋考》等有同样论述。清《测海录》中记载的内容更多，如"日出生红云，日没黑云接，有大风雨"。"朝看东南有黑云拥起，东风急。暮看西北有黑云拥起，西风急。若砲车形起，主大风。四野满目如烟雾，名曰风花，主风起。""五、六月间，天上有一点黑云，风雨骤至，必褶帆严柁以待。迟恐倾覆。有不得收帆者，两斧即断其桅。"

台风是风速很大（八级以上）的热带气旋。黄海、东海、南海均是台风活动十分频繁的地区。所以台风对于我国古代航海是特别严重的威胁。台湾和大陆自古联系密切，横渡台湾海峡的船舶十分频繁。南海是我国和东西洋各国交通繁忙的海区。所以古代水手对台湾海峡和南海北部的台风预报有较多的记载。古代水手经常用断虹、断霓或赤云来预报台风的到来。唐刘恂《岭表录异》："南海秋夏阆，或云物惨然，则其晕如虹，长六、七尺。比候，则飓风必发，故为飓母。"宋苏过《飓风赋》曾生动地描述了一次台风的先兆现象说："断霓饮海而北指，赤云夹日而南翔。"这里的赤云是晚霞。显然由于当时风速较大的偏北风使云变成一条条，由北往南延伸并南翔。而太阳在云之间，似乎要被夹带到南方。由于空气湿度很大，此时在东方形成了霓（虹的一种，这里统指虹）。但同样由于偏北风，使南翔来的云开始遮住了虹的北面一段。这样虹被断一头指向北方。而原来这一头仍连接到海平面，形成饮海现象。这种台风到来之前存在北风是必然的现象。

台风是由于空气幅合形成的，所以在台风前进时，前面必形成相反方向的风。台风由东南海洋中到来，位于其西北方的地方，本来应吹西北风。但是由于地转偏向力作用，北半球所有气流均向右偏转。因此西北风必然变成偏北风（而不可能变成偏西风）。由此可见宋苏过描述的飓风先兆正是台风先兆现象。宋之后，有关断虹预报台风的记载就逐渐多了起来。

明娄元礼《田家五行》："夏秋之交，半天见断虹，名曰飓母，航海人谓

台风带来的洪水

之破篷风。”明陈继儒《珍珠船》：“南海有飓母风，四面而至，裂屋拔木……将作则虹见，谓之飓母。”清徐怀祖《台湾随笔》：“若天边云气如破帆，即台飓将至，断霓者，断虹也，亦风至之征。苏（叔）党飓风赋所谓断霓饮海者指此。”《香祖笔记》又把断虹断霓比喻为屈鲎。“凡台将至，则天边有断虹，先见一片如船帆者，曰破帆梢，及半天如鲎尾者，曰屈鲎。”然而断虹并非都是台风的先兆。断虹在早晨出现就不是台风先兆，而是无台风的标志，这些情况，古代也已记述。《东西洋考》：“断虹晚见，不明天变。断虹早挂，有风不怕。”《海道经》也有相同记载。

古代东南沿海渔民水手常用雷来预报台风。《采硫日记》：台风，“海上人甚畏之，惟得雷声即止”。《舟师绳墨》：“六月雷响止九台，七月雷响九台来。”《台海使槎录》《测海录》《台湾外记》等书也有这种说法。这种打雷和台风的关系是符合实际情况的。我国大陆和近海，盛夏受暖高压控制，冬季受冷高压控制。而台风实际是一种低气压，所以无论冬季还是夏季是无法接近我国大陆的。盛夏雷暴最多，但这只是高压天气内部由于地方性的强烈热对流形成的，和台风无关。所以六月打雷根本不会预示台风，相反证明这里正被热高压牢牢地控制，台风低气压无法过来。但秋季情况正相反。这时冷暖两个高压开始交替。高压之间的锋面或低压有可能控制这些地区。于是台风低气压有可能被吸引过来。秋季往往是冷锋，锋面坡度陡，暖空气被迅速抬升，形成雷暴天气。所以七月打雷往往预示台风的到来。

台风是四周气流逆时针旋转幅合造成的。这一点《南越志》等书已指出，它是四方之风。台风过境，风向必不断依此变化一周。因此风向的变化也可以预报台风。这种预报，古代已广泛应用。《采硫日记》：“占台风者，每视风向反常为戒，如夏月应南而反北，秋冬与春应北而反南，旋必成台，幸其至也渐，人得早避之。又曰风四面皆至曰台，不知台虽暴，无四方齐至理。比如北风，台必转而东，东而南，南又转西，或一、二日，或三、五、七日。不四面传遍不止。是四面递至，非四面并至也。”这里说的台风“是四面递

至，非四面并至”，对于一个地方，台风过境情况确是这样。有关风向变化与台风的关系，《测海录》有更详细的说明：“占台者每视风反常则知之。清明以后，地气自南而北，以南风为常。应南风而反北。霜降以后，地气自北而南，以北风为常。应北而反南，则台将作。六、七月北风，则必为台矣。六月初六前后七日，尤宜谨防之。俗云六月防初，七月防半。”

3. 海象

海洋中有一种长浪，波长极长。长浪的波速与水深的平方根成正比，所以有神奇的速度，如台风移动速度每天500千米，而台风引起的长浪的速度每天近上千千米。所以在台风袭来前，海中因长浪的来到会先产生涌浪。这种无风的涌浪，古代称“移浪”。移浪会使潮水异常（潮候潮高变化反常）。这种现象，《岭表录异》称“沓潮”，《田家五行》称“风潮”。移浪还使长海翻腾，浅海底淤泥搅起，海水发臭，海洋动物生态习性异常。所有这类现象古代称之为“天神未动，海神先动”。渔民水手对此十分重视，并用于预报风暴。这方面记载较多，宋《梦梁录》：“见巨涛拍岸，则知此日当起南风。”明周履靖《天文占验》：“满海荒浪，雨骤风狂”，“海泛沙尘，大飓难禁”。《田家五行》：“夏秋之交，大风先，有海沙云起俗呼谓之风潮。”《东西洋考》《海道经》均有“海泛沙尘，大飓难禁”记载。《舟师绳墨》：“天神未动海神先动，或水有臭味，或水起黑沫，或无风偶发移浪，礁头作响，皆是做风的预兆。”清林谦光《台湾纪略》：“凡遇风雨将作，海必先吼如雷，昼夜不息，旬日乃平。”上述记载均是用移浪来预报风暴。

由于移浪作用引起海洋动物生态习性异常。古代也用此来预报风暴。明李时珍《本草纲目》：“文鳐鱼……有翅与尾齐，群飞海上，海人候之，当有大风。”明戚继光《风涛歌》：“海猪乱起，风不可也”，“虾笼得鳟，必主风水”。明《东西洋考》《海道经》均有“蝼蛄放洋，大飓难当”，“乌鲟弄波，大飓难当”，“白虾弄波，风起便知”等记载。清《测海录》：“飓风将起，海水忽变为腥秽气，或浮泡沫，或水族戏于波面，是为海沸。行舟宜慎，泊舟尤宜防。”清《采硫日记》卷上：“海中鳞介诸物，游翔水面，亦风兆也。”除了水族，古代还认为海鸟乱飞也是台风的征兆。戚继光《风涛歌》：“海燕成群，风雨便临。白肚风作，乌肚雨淋。”“逍遥（鸟）夜叫，风雨即至。”《顺风相送》：“禽鸟翻飞，鸢飞冲天，俱主大风。”总之利用海象来预报风暴在古代极其受重视。《东西洋考》《海道经》中均有占海篇，对此有全面介绍。

水手们总是千方百计在风暴袭来之前，及时把船驶到附近的避风澳中。《针经》《水路簿》等航海书大多记载航线附近的避风澳，如清《海岛礁屿沿海水途》一书就详细记载从福建泉州港到浙闽交界处的沿海各地的“逃台稳澳”，有泉州港、兴化港、福州港内、福宁港内等43处。强台风时，有时舟虽泊澳亦常至齑粉。《测海录》：“避澳而风忽转。如以此澳受南飓，则舟立碎。”清《台湾府志》：“澎湖湾船之澳，有南风北风之别。时当南风，误湾北风澳，时当北风，误湾南风澳，则舟必坏。”《舟师绳墨·碇手事宜》：“常见厦门作飓上风，一船断碇，一撞二、二撞四，如转圆石于千仞之山，一时数十号大船倾刻尽成齑粉。”由此可见船舶入避风澳也不是万事大吉。船舶不仅要预测风暴的到来，还需要尽快了解风向，然后选择合适的避风澳，进澳后还切忌船舶在风的方向上雁行排列。

航海中对季风的利用

我国是世界著名的季风气候区，大陆及附近海区，季风特别盛行。古代人民对季风的认识水平较高，集中表现在航海中的季风利用上。

我国对季风活动规律的认识很早，战国已有八方风概念。《吕氏春秋·有始览·有始》：“何谓八风？东北曰炎风，东方曰滔风，东南曰熏风，南方曰巨风，西南曰凄风，西方曰飂风，西北曰厉风，北方曰寒风。”秦汉时八方风名称已大不相同，但各种风已有明确对应的月份。《史记·律书》的有关记载，反映当时对季风的认识，基本上是春季吹偏东风；夏季吹偏南风；秋季吹偏西风；冬季吹偏北风。船用风作动力必须有帆。传说我国古代夏禹发明帆。甲骨文中的帆字“[illegible]”或“[illegible]”，根据有关解释，可猜测是帆的原始字。东汉刘熙《释名》：“帆泛也，随风张幔曰帆。使舟疾泛泛然也。”我国航海活动历史很悠久。《古本竹书纪年》：夏朝后芒“东狩于海，获大鱼”。东周时山东到浙江一带沿海航海很发达。北方的齐国，南方的吴、越都是主要航海国。海洋航行，为了安全并尽快到达目的地，需要风向长时间稳定的季风作为动力。由上述古代的季风认识、帆的发明和利用以及航海发展三方面看，可以初步推断早在秦汉或秦汉以前，我国航海已开始利用季风作为动力。这

样船舶可以远渡重洋较顺利地到达彼岸，而在相反风向的风盛行时返航，可以较平安地回到本土。

秦代远航的发展，汉代楼船闯入印度洋，很可能和季风的应用有关。

东中国海（包括黄海、东海）是我国国内南北航线的主要场所，也是我国和日本、朝鲜等国，以及我国大陆和台湾等岛屿间的必经之路。这里夏季多吹西南风。到了秋季过半，台风期已过，为冬季季风期。近中国海区多吹东北风，而靠日本九州海区多吹西北风。

行驶于沧海的帆船

中日之间往来历史很早，但开始可能不走海路，而是取道朝鲜，六朝后则改为海道。《文献通考》："倭人……初通中国也，实自辽东而来……至六朝及宋，则多从南道。"《日中文化交流史》一书曾论述中日间航海的季风利用问题。唐开成四年至天祐四年，近70年间，中日之间航海有37次。这些航海船舶几乎是唐朝的商船。其中只有极少数是在日本建造的，但建造者和驾驶者大都是中国人。这段时期航海和以前中日间的航海大不相同。一是横渡东中国海的时间大为缩短。二是船舶极少遇到漂流。所以有这种"使人感到惊异"的变化，虽然有造船技术进步这个原因，但"最重要的原因恐怕是唐朝商人已经掌握了东中国海的气象而航行的"。因为当时中国商船都在四月到七月上旬乘西南季风到日本。而日本到中国以八月底到九月上旬为最多。这时秋季过半，台风期已过，即将刮起冬季季风。这时九州近海虽是西北风，商船有漂到东南大洋的危险，但克服了这段后，随着接近中国海岸，便得到东北风，风浪也就不那么汹涌。唐之后中日间航海交通更自觉地利用季风。一般是夏季开往日本，过了台风期后的八、九月之交返航。

古代中国大陆和琉球之间的往来也是利用季风的。清周煌《琉球国志略》："封舟例以夏至后乘西南风至琉球，以冬至后乘东北风回福州。一海船老伙长皆言，无论冬至迟早，总以十月二十后东风顺送为吉。"向琉球航行不

能太晚，一般夏汛不超过六月中旬。超过这个时间，就难得西南风了。清《勅封天后志》：“琉球正使汪辑、林麟焻等……赴闽于二十二年六月二十日，谕祭海神天妃于怡山院。是时东风正猛，群言夏汛已过，未易开洋。乃行礼甫毕，风声忽转，柁楼旌尽皆北向，臣等知属天妃示异，决计放舟。”

去朝鲜常于明州（宁波）开船向北。北宋《宣和奉使高丽图经》：“自元丰以后，每朝廷遣使，皆由明州定海放洋，绝海而北，舟行皆乘夏至后南风，风便不过五日，即抵岸焉。”宋代朝鲜、日本商船来中国，因利用季风，故时间集中形成汛期。每年九月到翌年四月，东中国海常刮东北风，尤其三、四月和九月海上风平浪静，利于航行。故之后，汛期又有进一步划分。明代称清明前后的东北季风为大汛，称重阳后为小汛。当时倭寇进犯中国沿海，也是利用汛期，故我国水军也在汛期特别加强防卫。这种防卫也有大汛、小汛。明胡宗宪《筹海图编》：“大抵倭船之来，恒在清明之后。前乎此风候不常，届期方有东北风，多日而不变也。过五月风自南来，倭不利于行矣。重阳后，风亦有东北者。”

元代海运路线是一条位于黄海的南北航线。凡是海运都需要以风作为动力，《元海运志》提到“舟行风信有时”，“四、五月南风至起运，得便风，十数日即抵直沽交卸”。也就是说每年四月十五日夏季西南风开始盛行，这标志着漕运正式开始。元延祐四年在龙山庙前筑了高土堆，土堆四周用石块垒砌，中间立一高杆，每年四月十五日起，白天悬挂布幡，晚上悬点灯火，指挥船只航行。

南海是我国和中印半岛、南洋群岛交通的海区，南海和印度洋又是我国和印度半岛、锡兰、波斯（伊朗）、阿拉伯和非洲东海岸航行的必经之路。南海一般冬半年（十月至翌年三月）多吹东北风，风力强。夏半年（五月至八月）多吹西南风，风力弱。印度洋一般冬半年（十二月中至翌年二月底）多吹东北风，风力弱。夏半年（三月中至九月）多吹西南风，风力强。《岭南杂记》：“外洋风信，清明以后南风为常，霜降以后北风为正。”从福建、广东前往南洋、印度洋诸国均在冬半年，一般在十月至翌年正月利用东北风。回来均在夏半年，一般在四月至七月间动身，利用南风。宋朱彧《萍州可谈》：“船舶去以十一月、十二月就北风；来以五月、六月就南风。”宋周去非《岭外代答》：“岁十月，提举司大设蕃商而遣之。其来也，当夏至之后。”

我国利用季风航海宋代以前就有，但在宋代得到了巨大发展，并且留下

古迹。这是有社会原因的。宋代北方大片土地为我国少数民族统治，政治经济中心移往江南，南宋更偏于江南。宋代大力开发江南经济，特别重视促进海外贸易活动，增加国库收入。此时泉州港迅速繁荣起来。宋元时代泉州港对外贸易之盛为全国屈指可数的地方。阿拉伯、印度等国商人来泉州定居的数以万计。当时外国旅行家马可·波罗和伊本·拔都他，都称泉州为世界大贸易港之一。宋代泉州太守王十朋《提舶生日诗》："北风航海南风回，远物来输商贾乐。"正是描述当时泉州港利用季风进行海外贸易十分繁荣的情景。泉州九日山祈风石刻，是我国古代广泛利用季风远航的明证。九日山位于泉州市西郊，坐落于晋江下游北岸。山有两峰，在西峰朝东和东峰朝南的山腰上，宋代留下了大量摩崖石刻，至今仍到处可见。其中有一部分摩崖特别高，刻字面积特别大，多为宋代泉州地方官和提举市舶司共同为当时航行船舶祈求季风，预祝他们一路顺风，安全抵达故土而举行的祈风典礼的纪念题字。石刻题字所写的祈风月令虽各有不同，但大致是四月一次，十月一次。由于利用季风航海，所以我国的远洋航船，一到外面必须抓紧时间完成贸易、出使等活动，以赶上南风风期返航。如果来不及赶上风期，那船必须留在外国等待下一个南风风期。这种情况当时称"住番"，也称"压冬"。这一压就是一年，往返就将近两年。中国和阿拉伯相距很远，往返必须两年。《岭外代答》："诸番国之人中国，一岁可以往返，惟大食必二年而后可。"中国船去阿拉伯也同样两年，只是中途候风地点不同，自中国去阿拉伯诸国的船只约停泊于爪哇或马来海峡一带。而自阿拉伯诸国返回的船只约停泊在印度南部。郑和七下西洋也是利用季风，特别是横越印度洋更是这样。由于利用东北季风，满载货物的巨大帆船，由斯里兰卡到非洲东海岸的摩加迪沙只需 20 天，平均每天航行达 100 海里（合 360 多里）。明祝允明《前闻记》："宣德六年十二月九日出五虎门，二十四日到占城……八年二月十八日开船回洋……（六月）二十一日进太仓。"郑和船队往返各地日期相当于认识当时当地季风规律的历史记录。郑和七次下西洋差不多两年一次，也是因为这个原因。

南海交通与南海地理

中国与南海的交通起源很早，然而文献明确记录，现可上溯到《汉书·地理志》，如在"粤地"条后记为："自日南（今越南中部）障塞，徐闻（今

广东省琼州海峡北岸雷州半岛南端)、合浦(今广西合浦东北),船行可五月,有都元国(今印度尼西亚苏门答腊东北巴赛河附近)。又船行可四月,有邑卢没国(今缅甸勃固萨尔温江入海口附近)。又船行可二十余日有谌离国(今缅甸伊洛瓦底江沿岸)。步行可十余日有夫甘都卢国(今缅甸甘城卑谬附近)。自夫甘卢国船行可二月余,有黄支国(今印度南部康契普腊姆附近)向南航行到达已程不国(今斯里兰卡)……其州广大,户口多,多异物。自武帝以来皆献见。有译长属黄门,与应募者俱入海,市明珠、璧流璃、奇石、异物、赍黄金杂缯而往。所至国皆禀食为耦;蛮夷贾船,转送致之……平帝元始中(公元1—5年)……厚遗黄支王,令遣使献王犀牛。黄支船行可八月到皮宗(今马来半岛西南)。船行可二月,到日南象林界(今越南中部武嘉河附近)云。黄支之南有已程不国。汉之译使,自此还矣。"

这段文字记述了在西汉时期,已经开辟了南海、印度间的海上交通。从现在的广东徐闻、广西雷州半岛合浦出发,沿着北部湾西海岸越南沿岸航行,等绕过其南部,然后进入暹罗湾,顺马来半岛南下,最后进入马六甲海峡。等持续5个月之后,就能到达印尼苏门答腊的巴塞河附近。然后再沿马来半

南海风光

岛西海岸北航四个月到缅甸萨尔温江入海口，沿缅甸西海岸向西北船行二十余日到缅甸蒲甘城附近，进入印度东岸，然后向西南航行两个多月到达印度南部和斯里兰卡孟加拉湾，进入印度。这一航线的往返大约需要28个月。航程达数万千米。以上所提到《汉书·地理志》相关方面的记载材料是世界上这条航路的最早文献。远海航行不仅需要掌握娴熟的航行技术，还应当了解较为准确、全面的地理知识。在当时来说，中国的航海技术是处于世界领先地位的。

到了东汉时期，文献中又记录了另一条从今云南、缅甸到印度的陆上交通路线，被称为“永昌（今云南腾冲、保山）道”。再其后，蜀汉三国时的《永昌郡传》对这条道路所经过地区的风土人情进行了详细描述，如“朱提郡……治朱提县（今昭通）。川中纵广五、六十里。有大泉池水，焚名千顷池。又有龙池，以灌溉种稻。与焚道（今四川宜宾）接。特多猿，群聚鸣啸，于行人经次，声聒人耳。夷分布山谷间，食肉衣皮……不与华同”；“朱提郡，有堂狼山（今云南巧家、鲁甸间），山多毒草，盛夏之月，飞鸟过之，不能得去”。这条“永昌道”从云南保山、腾冲沿伊洛瓦底江入孟加拉湾通往印度。最后由海道进入亚历山大港。

汉代时期，中国的海运不仅建立了进入印度、地中海的海陆交通，而且还开辟了通往日本的海上交通路线，自此两国之间的使臣频繁来往。在1784年，日本九洲出土的“汉倭奴国王”印，它是东汉光武帝赠日本王的。近些年来，在日本又陆续出土了一些实物，为两国之间的交流提供了证据。

知识链接

流水地貌发育理论

关于对自然地理规律的认识，孙兰的“变盈流谦”说最为突出，它是关于流水地貌发育的理论。在孙兰看来，在地貌发育过程中，侵蚀和堆积

是相互关系的两个方面，它们对地貌都起着改变和塑造作用。他认为在以流水为中心的地形演变中，有渐变因素、突变因素和人为因素三种演变形式。他在《柳庭舆地隅说》卷上中说："变盈流谦，其变之说亦有可异者。有因时而变（渐变）、有因人而变（人为因素）、有因变而变（突变）者。因时而变者，如大雨时行，山川洗涤（指散流、暴雨冲刷），洪流下注，山石崩从，久久不穷，则高下易位。因人而变者，如凿山通道，排河入淮，雍水溉田，起险设障，久久相因，地道顿异。因变而变者，如土雍山崩，地震川竭，忽然异形，山川改观，如此之类，亦为变盈流谦。"这段话说明孙兰把流水地形看作一个较为开放的系统，而且各种因素都能够相互影响和相互作用。与中国古代其他地形发育观点相比，孙兰的观点更为全面和系统。即使是与19世纪戴维斯的"地理循环论"的封闭系统和单一因素相比，孙兰的观点更有积极意义。虽然他提出的观点在很大程度上促进了中国古代乃至世界地理学的发展，但是在很多方面还缺乏实证，所以难以真正与戴维斯的理论相提并论。无论如何，我们不能否认孙兰能在17世纪就流水地形发育提出这样的理论见解，也是难能可贵的。

第五章

方志和地方志

方志著作是为了解一个特定地区的各方面情况而编写的，它的特点之一是地区性很强。其中关于自然地理情况的描述记载，就是一地一域的区域自然地理知识，如地理位置、疆域范围、大小山川的分布、河流湖泊的水文情况、寒暑物候的变化、动植物的种类分布、地上地下的自然资源等。

第一节 方志和地方志的发展概况

方志编撰的发展及方志学的创立

自元以后，方志的编撰，一般由地方官主持。先令各地修呈地方志，然后据以修全国总志。以省为单位的常称“通志”。府、州、县则称府志、州志、县志。这种方式，为明、清所承袭。体例门类也因袭相承，大多一致。到了清朝，方志学也建立了。

1. 方志编撰的发展

明朝很重视方志的编撰，倡“治天下以史为鉴，治郡国者以志为鉴”。明太祖曾命魏俊等修《大明志书》。成祖时曾“诏天下郡、县、卫、所皆修志”。景帝景泰七年（1456 年），陈循等修《寰宇通志》（119 卷）。英宗天顺五年（1461 年），李贤等奉诏撰成《大明一统志》（90 卷）。体例因袭《大元一统志》，有全国图及分区图，末篇的“外夷”部分，增加了郑和下西洋新发现的地区。唯书中引用古代事例，错误颇多。

清朝更是重视方志的编撰，视为“昭同轨、同文、同伦之盛”。全国性总地志有康熙、乾隆、嘉庆三朝修的《大清一统志》（又称《嘉庆重修一统志》），体例门类与明《一统志》无大变化，图、表、志兼具，内容丰富，是一部比较完善的地方总志。

至于地方性方志的编修，清朝更是达到了空前的鼎盛时期。顺治年间，河南巡抚贾汉复修成的《河南通志》，体例为天下式。

《河南通志》（50 卷）列 30 门：图考、建置沿革、星野、疆域、山川、

风俗、城池、河防、封建、户口、田赋、物产、职官、公署、学校、选举、祠祀、陵墓、古迹、帝王、名宦、人物、孝义、烈女、流寓、隐逸、仙释、方伎、艺文、杂辨是。这30门中，属于地理学范畴的接近一半，比重较过去所修的方志为大。康熙年间，“诏直省各督抚聘集宿儒名贤，接古续今，纂集通志”。康熙二十二年（1683年），诏限各省通志三月完成。雍正年间，令各省、府、州、县，每六十年修志一次。乾、嘉年间各地还成立了修志局。不仅全国府、州、县有志，乡、镇也有志。

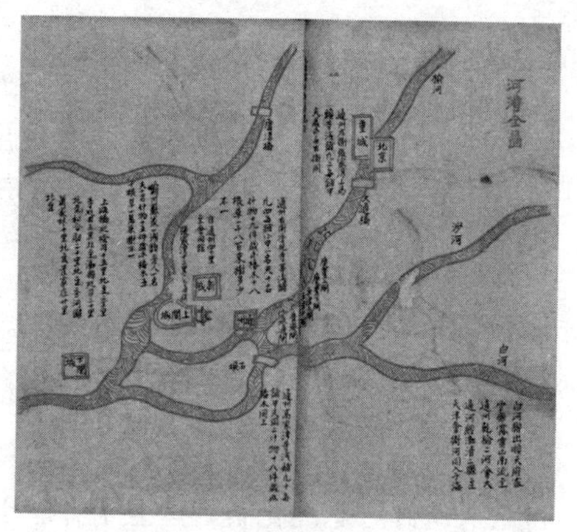

古方志图

据统计，现存古方志（自1068—1933年）共有7413种，109143卷。其中，80%左右是清朝编修的。

尽管历代方志几乎是文史的内容多于地理内容，但从地理内容上来说，却保存了全国各地区的珍贵的自然地理及人文地理各方面的资料。大致区分，有如下数方面：

（1）历史地理：图、建置沿革、疆域、封建。

（2）自然地理：星野、山川、江湖、地震、气候。

（3）人口地理：户口。

（4）经济地理：物产、农业、手工业、田赋、贡赋。

（5）水利建设：河防、水利。

（6）旅游地理：古迹、陵墓、碑刻。

（7）军事地理：兵防、关隘。

方志中的资料，我们可以判断地加以利用，扬弃其封建迷信的糟粕，吸收其民主科学的精华，为社会主义四化服务。

2. 方志学的创立

我国方志的编写，源远流长。可是，方志学的创立，却为时甚晚。清初，刘继庄（1648—1695年）曾参修明史，对方志的编写内容提出看法。他说：

“方舆之书所记者，惟疆域、建置沿革、山川、古迹、城池、形势、风俗、职官、名宦、人物诸条，此皆人事。于天地之故，概乎未之有闻也。余意于疆域之前，别添数条。先以西方之北极出地为主，定简平仪之度，制为正切线表，而节气之后先，日食之分秒，五星之凌犯占验，皆可推求。”

刘继庄治学，主探索天地之故，经世致用。所以主张编写方志要增加自然地理内容。

清朝著名历史学家章学诚（1738—1807 年）曾编修《永清县志》《亳州志》和《湖北通志》。根据自己的实践经验，并总结了前人编修方志的得失，写成《方志立三书议》《州县请立志科议》及《修志十义》等专文，表达他自己对编修方志的见解，建立了方志学的理论。

他认为：“今之所谓方志，非方志也。其古雅者，文人游记，小记短书，清言丛说而已耳。其鄙俚者文移案牍，江湖游艺，随俗应酬而已耳！”（《方志立三书议》）他认为编修方志“经纪一方之文献”的目的是“通古人之遗意”。什么是“古人之遗意”呢？他说：“古无私门之著述，六经皆史也。后世袭用而莫之或废者，唯《春秋》《诗》《礼》三家之流别耳。纪传、正史、《春秋》之流别也。掌故典要、官礼之流别也。文征诸选风诗之流别也。”他所谓“立三家之学”，就是仿纪传正史之体而作志，做律令典例之体而作掌故，仿文选文苑之体而作文征。三书相辅而缺一不可。合而为一，尤不可也。

章学诚是历史学家，他是从历史学角度讨论方志的内容。他说：“今忽析而为三，明史学也。”我国古代方志，本来就已史多于地，章学诚作为历史学家，当然是更难以改变史地的比重了。

古方志的编纂，在我国已有悠久的历史，世代相承，延续不绝。体例也逐渐规范化，内容也逐渐确定。既包括地方的社会情况，也包括地方的自然情况，以往的和当时的。章学诚的“立三书”主张，当然是不全面的。

1956 年，国务院科学规划委员会成立“地方志小组”。1981 年 8 月 1 日，成立了中国地方史志协会，大力推动新方志的编纂工作。在制定的《关于新编地方志工作条例的建议》中，明确提出要“系统地记载地方上自然、社会的历史和现状，可以为本地区的建设事业提供历史借鉴和现实依据，并为本地区进行爱国主义教育和革命传统教育提供乡土教材”。“新编方志有利于积累和保存地方文献，为研究历史和现状，研究各门社会科学和自然科学提供翔实的资料。”标志着我国方志的编纂及方志学的发展进入了一个新的阶段。

《汉书》创立的地理志

正史书中的地理志，是班固的《汉书》所创立。班氏在地理志中，首先夸称“黄帝……方制万里，划野分州”。接着引用《禹贡》和《职方氏》的全文，无形中肯定了它们代表夏、周两代制度的作用。这里要注意刘秀（歆）伪造《周官》早于班固，以致后者引用《周官·职方氏》。然后简略叙述春秋战国时分裂兼并的形势，和秦汉的行政区划。汉武帝“攘郤胡越，开地斥境，南置交趾，北置朔方之州”。在沿用《禹贡》九州的同时，“改雍日凉，改梁日益”。此外又采用《职方氏》的幽、并，以京兆尹、左冯翊、右扶风合计，称为“凡十三部，置刺史”。

第二部分列举西汉时代的全部郡县——这是地理志的主要部分。从京兆尹、左冯翊、右扶风开始，再依次提到外郡，郡名下小注说明属某州。在郡名之后，列有元始二年（2 年）的总户数和总口数。除去这一套总表本身的价值以外，许多地名下的小注，具有下列多种作用：

（1）设置的来历和名称的先后更改。少数注明它是“侯国”。长安、茂陵等重要城市特另注明户口。日南郡下注“故（以前）秦（时）象郡，武帝元鼎六年（公元前 111 年）开，更名”。

（2）名山和祠庙，兼有说明位置的作用。例如，新丰下注“骊山在南，故骊戎国”。华阴下注“太华山在南，有祠，豫州山”，为华山特加“豫州山”，足见班固受伪《周礼·职方氏》的影响之深。上党郡注内“有上党关，壶口关，石研关，天井关。师古曰，研音形”。

（3）水道源流，记流经几个郡，长若千里，见于有关县名之下的注文，表明汉代资料大有进步，但是错误在所难免。

金城郡河关注，“积石

汉书

山在西南羌中，河（指黄河）水行塞外，东北入塞内，至章武入海；过郡十六，行九千四百里”。积石山的名称移到羌中，一方面仍然沿用《禹贡》的“导河积石”，一方面表明对于大河的河道，了解的范围早已上溯到羌中——现代的青海境内。

关于江的源流，蜀郡湔氐道注《禹贡》：“崏（岷）山在西徼外，江（长江）水所出，东南至江都入海；过郡七，行二千六百十里。”沿用岷江为江水上源，不足为病。流向称“东南”，过于简略，长度不足河水的1/3，错误太大。同郡汶江注：“渽水（今大渡河）出徼外，南至南安，东入江；过郡三，行三千四十里。江沱在西南。”江沱不应加，实际上文同郡郫（县）已注，“《禹贡》江沱在西，东入大江”。另外，越隽郡遂久注“绳水出徼外，东至僰道入江；过郡二，行千四百里”。部位相当于金沙江，但是只提“东至”，足见还没有了解到由北南流的长长的上游一大段。

弘农郡卢氏注“熊耳山在东，伊水出，东北入洛，过郡一，行四百五十里”。此条纠正《禹贡》的“导洛自熊耳”，但伊水上流的部位，应称“东南”。此注还提到入沔的育水和洱水，熊耳山一带并不在入沔的流域之内。同郡的上雒注“《禹贡》洛水出冢岭山，东北至巩入河，过郡二，行千七十里，豫州川”。补充对于洛水上源的新认识；特书“豫州川”，因上源跨入《禹贡》梁州界。

太原郡汾阳注“北山，汾水所出，西南至汾阴入河，过郡二，行千三百四十里”，汾阳还在汾水中游。同郡上文晋阳注“晋水所出，东入汾”。晋阳是太原郡首县，即今太原市，远在汾阳西北。汾阳的水道是汾水的支流，今名文峪河。关于汾水干支流，大有错误。

（4）矿产等资源有所涉及，但例证较少。例如，京兆尹兰田下，“山出美玉”。犍为郡朱提下，“山出银”。河东郡安邑下，“巫成山在南，盐池在西南”。其他还有很多。

篇末总论天下概况，先有小段引用一系列数字。秦以京师为内史，而分天下为三十六郡。汉因秦郡太大，陆续分设各级行政区，至平帝（公元1—5年），共有“郡国一百三，县邑千三百一十四，道三十二，侯国二百四十一”。称为道的地方都散布在一些边疆的郡。“地东西九千三百二里，南北万三千三百六十八里”，似乎是按照西汉后期的情况，广大的西域不计在内。关于侯国的封地，分别计算出其中大部分是“邑居道路，山川林泽，群不可垦”，较多

的地“可垦不可垦”，只有小部分是“定垦田”，都有统计数字。

次一小段提到水土风气，与民间风俗。“汉承百王之末，国土变改，民人迁徙。”“成帝（公元前32—公元7年）时刘向略言其地分，丞相张禹使属颍川朱赣条其风俗，犹未宣究，故辑而论之，终其本末著于篇。”

分区情况详细的叙述，都按照春秋战国时期的著名封国各自最大的范围，而不符合任何年期当时的情况。说明的方式，一方面指明当时流行的所谓分野关系，以二十八宿中的某几个星座为各区的地望，另一方面指出西汉时所包括的几个郡的地区，以说明其具体的部位。由于许多内容涉及这些封国的古代历史，就带有古代历史地理的意义。这一特点超出《汉书》自己规定的断代限度，而填补了《史记》在地理志方面的空白。

图经

顾名思义，图经包括“图”和“经”两部分。“图”是描绘地方土地、物产等形象，“经”是“图”的文字说明。最早的图经大都是以图为主体，并附以简单而必要的说明。由于图经中既有对地物描绘的地图，又有附加的文字说明，所以图经比地记的内容要完备得多。

用图和经表示地方情况的图经，在东汉时期已经出现。东晋人常璩在他所撰《华阳国志》一书中，便记述了东汉桓帝时巴郡太守但望根据《巴郡图经》了解巴郡的境界、道里、户口和官吏等情况，《巴郡图经》虽早已失传，但它是现在见于著录的最早图经。

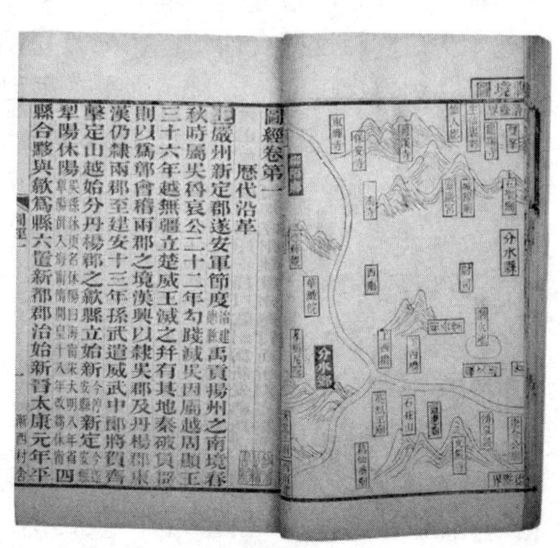

圖經卷第一

歷代沿革

嚴州新定郡遂安軍節度 禹貢揚州之南境春
秋時屬吳魯哀公二十二年勾踐滅吳因屬越周顯王
三十六年越無彊立楚威王滅之并有其地秦[illegible]
則以爲鄣會稽兩郡之境漢興以隸吳郡及丹楊郡東
漢仍隸兩郡至建安十三年孫[illegible]遣威武中郎將賀齊
擊定山越始分丹楊郡之歙縣立始新新定
犁陽休陽
縣合黟與歙爲縣六置新都郡治始新晉太康元年平

严州图经

图经之名，见之东汉，但在晋宋以前，方志地记著作极少附图，而地图虽有文字说明，在名目上还以图称，不与地志相混。宋齐以后图经著作逐渐多起来，至隋唐北宋，这类著作，便大量出现，成为地方志的通称。《隋书·经籍志》

地理类总叙："隋大业，普诏天下诸郡，条其风俗、物产、地图，上于尚书，故隋代有《诸郡物产土俗记》131 卷，《区宇图志》129 卷，《诸州图经集》100 卷，其余记註甚众。"由虞茂和郎蔚之分别编撰的《区宇图志》与《诸州图经集》两书，是集合了各州郡所上的图经及各种地记而成。这两部巨著虽早已亡佚，具体内容不得而知，但其体例还是保存了一图一说的图经式样。这在《太平御览》卷 602 所引《隋大业拾遗》的文字中讲得很明白："卷有图，别造新样，纸卷长二尺。叙山川，卷首有山水图；叙郡国，卷首有郭邑图；叙城隍，则卷首有馆图。其图上山水城邑题书字极细……为时所重。"可见《区宇图志》与《诸州图经集》都是保存着每卷一图一说的图经体裁，有些文字不能全部容纳进去，另有《诸郡物产土俗记》131 卷，作为详细的文字说明。但就在这个时候，图经著作开始出现了图少经多、以经为主的趋势。

唐代对编造地图和图经很重视，中央政府设有专门官员掌管，并规定全国各州、府每 3 年（一度改为 5 年）一造图经，送尚书省兵部职方，如《唐会要》记载"建中元年（780 年）十一月二十九日，诸州图每三年一送职方，今改至五年一造送。如州县有创造及山河改移，即不在五年之限，后复故"。《新唐书》也记载说："职方郎中员外郎各一人，掌地图、城隍、镇戍、烽候、坊人、道路之远近，及四夷归化之事。凡图经非州县增废，5 年乃修，岁与版籍皆上。"各州郡造送中央的图经，都是分散的、不统一的，中央必须综合各州各郡的图经，而构成全国性著作，如《十道图》《十道录》就是各地图经上送中央后，经过综合而成。由地方定期造送图经，可以看得出唐代图经比较普及，内容也更完善。从《太平寰宇记》和《太平御览》等书中，可知唐代曾有 50 多州修有图经。这些图经虽然早已亡佚，但从敦煌发现的《沙州图经》和《西州图经》两个残卷，还可以看到唐代图经的大致面貌。它们除了记载行政机关和区域外，还记叙该地的河流、堤堰、湖泊、驿道、古城、学校和谣谚等。边地图经的内容尚且如此完备，内地的图经自然更为详尽了。《沙州图经》与《西州图经》两个残卷，是现存最早的图经残本，均由罗振玉辑印于《鸣沙石室佚书》中。

唐代的图经著作，依然保留着一图一说，图说并举的体裁，如李吉甫在所著《元和郡县图志》的自序中说："每镇皆图在篇首，冠于叙事之首。"可见《元和郡县图志》也是一图一说的图经体裁，但这部图经著作的图早已不见，从流传下来的《元和郡县志》一书可以看到唐代的一些图经，继续向图

少说多的趋势发展，即图在图经中的地位和作用已经缩小，作为“经”的文字说明越来越多，成了图经的主体部分。残本《沙州图经》和《西州图经》，现在亦只见经而不见图，也可能原来有图而后来遗失了，但它和其他图经著作一样，同是一种图少经多的地志著作。

北宋对编纂图经的注意，不亚于唐代。《续资治通鉴长修篇》记载“开宝四年（971 年）正月戊午，知制诰卢多逊等，重修天下图经”；《宋史》记载宋准于开宝八年“受诏修定诸道图经”；其后又有徽宗大观年间（1107—1110 年）成立修九域志局，令全国先修图经。从这一连串记载可知，宋初对编纂图经十分重视。皇朝之重修图经，固然主要是为了政治上的目的，但也附带促进了这类著作的发展。例如，哲宗元祐三年（1088 年）四月，朝廷下令各路编制图经，据《通志》所载，当时全国 18 路 1 府共修图经 1430 多卷。由此可见，官修图经是以极庞大的规模进行的。因此图经在当时深受尊崇，被视为方志的正宗，并由官府所掌管。隋唐以来的图经此时虽在继续发展，不过这个时期篡修的图经，开始大量的向文字记载方面发展。例如，李宗谔、王曾等依据诸路、州、军、府、县所上图经汇集而成的《祥符州县图经》，今虽不见，但从卷帙浩繁之达 1560 卷，可以肯定它是一部内容很广博和以文字记载为主的著作。

图经向大量的文字记载方向发展的结果，“图”的部分退居于“附录”，将其编于卷首，有的甚至完全摈弃，最后只剩下“经”的文字记载部分，实际上便由图经演变为地方志了。这种情况在北宋末年已经出现，如现存的《元丰九域志》是由王存等根据原有的《九域图》在元丰年间（公元 1066—公元 1085 年）重修而成的，《玉海》卷 15 熙宁《九域志》对此所作的说明是因“不绘地形，难以称图”，故改名“九域志”。到了南宋，更是重经不重图，进一步出现了将图经改称地方志的情况，如《严州图经》在绍兴年间（1131—1162 年）的刻本便改称为《新定志》。

这几个由图经演变为地方志的例证，说明隋唐以来的图经到了南宋时候完成了向地方志的过渡。在这以后的府志、县志、通志与一统志中，一般卷首都附有地图，就是以往图经形式的某种保留。由图经演变为地方志后，其内容基本上没有发生重大变化。宋代方志以宋敏求的《长安志》与朱长文等的《吴郡图经续记》的时间为最古，继此而撰的很多。但宋代州、郡方志保存到今天的已为数不多，大概只有 20 种了，其中最为人所推崇的是临安三志。临安（今杭州）是南宋绍兴八年（1138 年）以来 141 年的国都，其志书曾编写三次：乾道五年（1169 年）知府周淙始修，名《乾道临安志》，原本 15 卷，但自第四卷以下都已遗佚，为南宋方志中最古的本子。淳祐十二年（1252 年）施谔再修，名《淳祐临安志》，也已残缺不全，今只存府城、山川二门。咸淳四年（1268 年）知府潜说友三修，名《咸淳临安志》，计 100 卷，前 15 卷为行在所录，自 16 卷以下为府志，它不仅是临安三志中取材最为宏富的一部，也是宋代地方志中内容最详细的一部。现在流传下来的几部南宋著名的方志，如范成大的《吴郡志》、潜说友的《咸淳临安志》等，为以后元、明、清方志的很多编撰者奉为楷模。《四库全书总目提要》卷 68 对此也都有很高的评价，说《吴郡志》“分三十九门，征引浩博，而叙述简核，为地志中之善本”。又说《咸淳临安志》“区划明析，体例井然，可为都城记载之法”。

地方志

宋代以后，以地方各级行政区域为对象的地方志日渐增多，特别是明、清两朝的方志之作汗牛充栋，占了我国保存下来的方志总数的 90% 以上。由于宋元时候的方志，绝大多数已经亡佚不传，因此一般人在实际利用中所称的地方志主要就是指明清两代的方志而言。这个时期这类著作如此发达，主要也是封建统治者出于政治需要，而对它编撰倍加重视的缘故。元明清三朝都修了“一统志”，“一统志”着眼于全国，内容十分广博，其资料大部分来源于各地的志书，如乾隆《高淳县志》序说：“明英宗命文臣修一统志颁行海内，先取郡邑志，以备采录。”说明“一统志”的编纂是取材于各府县志的。封建统治者为了修撰“一统志”也确实颁令全国各地先修地方志，以供采择。例如，元修《大元大一统志》，便先由各行省撰送图志，而首开了省通志的先例；清代“一统志”在雍正、乾隆、嘉庆三朝三次进行修纂，每次都由政府颁令全国先修各地志书，特别是雍正还规定了各省、府、州、县志要 60 年修纂一次的制度。这样由省、府、州、县一层层下去，便出现了各级地方行政单位都修地方志的普遍现象，从而促进了地方志的大发展。现在检阅清代的方志，可以看到省有通志，府有府志，直隶州、直隶厅（州、厅小于省，直隶于省）以及县均有自己的方志，甚至市、镇也修志书。此外，还有记山水、

古迹、寺观的专门志书。由此亦可见，元、明、清三朝的“一统志”，如果没有省、府、州、县的地方志作为基础，就不可能修成，这说明全国性“一统志”与地方志有着密切关系。

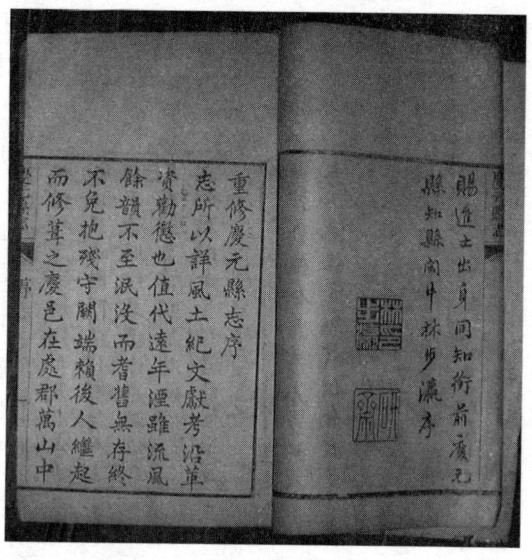

賜進士出身同知銜前慶元
縣知縣閩中林步瀛序

重修慶元縣志序
志所以詳風土紀文獻考沿革
資勸懲也值代遠年湮雖流風
餘韻不至泯沒而耆舊無存終
不免抱殘守闕端賴後人繼起
而修葺之慶邑在處郡萬山中

地方志

明清地方志的发达情况，从1976年3月天象资料组所编《中国地方志综录》（草稿）的初步统计来看，明代约有931种，其中嘉靖、万历两朝撰修最多，各有300多种。有的志书也早已指出这一事实，如明神宗万历四十二年（1614年）《满城县志》张邦政的序说：“今天下自国史外，都邑莫不有志。”

清代约有5518种，其中康熙、乾隆、光绪三朝撰修最多，各有1000多种。在地区分布上，无论内地或边远地区都有自己的方志，数量上一般来说内地多于边远地区，而内地尤以经济文化发达的地区为最多，如河北、江苏两省各有500多种，浙江、四川、江西、山东、河南、广东6省都在400种以上。陕西、山西、湖南、安徽4省各有300余种。

明清时期所定的行政区域是省、府、厅、州、县。县是为数最多的基本行政单位。在层层修志的风气中，自然县志的数量特别多。以各级行政区域为对象的各种方志，在格式体例上，大多是世代相沿，千篇一律，颇少有特殊之作；就其内容来说，大抵志书记叙范围越小，记载的事实就越详细具体。所以县志的参考价值，总的来说是较大于省、府、州、厅志的。

在方志的演替发展过程中，从全国性区域志到地方的各种志书，按其编纂者说，可归纳为政府主修和私人著述两类。官修或私修的方志，其体例内容基本相同，都是适应于当时的政治经济情况，为封建统治阶级服务的。隋唐以前的方志著作，基本上属于私家著述，由官方组织编纂得极少。由私人著述的方志，今天还能看到的，以东晋常璩所撰的《华阳国志》为最早，这部书以叙述西南地区（今汉中、四川、云南等地）的地理风土和历史人物为主要内容。在这以后比较著名的还有宋朝朱长文等的《吴郡图经续记》、范成大的《吴郡志》、潜说友的《咸淳临安志》，明朝康海的《武功县志》、韩邦靖的《朝邑县志》等。私家著述，限于人力和材料的掌握，多以一地一域为自己的撰述对象。

官修方志大量出现，开始于隋唐。隋唐及其以后各封建王朝的统治者，为了巩固自己的统治和从政治经济各方面加强对人民剥削压迫的需要，觉得必须掌握全国各地的情况，因而设立专门机构，颁令和组织各地撰修方志这类著作，所以官修方志应运而生，大量出现。例如，隋朝大业年间（605—617 年）“普诏天下诸郡条其风俗、物产、地图”，便由各地的材料汇集成了《区宇图志》129 卷，《诸郡物产土俗记》131 卷，《诸州图经集》100 卷。

第二节 方志和地方志的地理价值

在我国古代，方志著作在传统地理学的发展上占有重要的地位。尤其是从它数量众多、历史悠久来观察，更是如此。因为这个缘故，历史上常把地理这门学问称为方舆之学。

地方志是记述各级行政区域的历史沿革、地理面貌及人文经济等情况的综合著作。从全国总志到省以下各种区域性地方志，差不多每种方志都分几十个项目来叙述，内容十分广博。总的来说，是历史材料超过地理材料，其中如疆域沿革、山川形势、气候、水利、人口、田赋、物产、交通、金石、灾异等项目，则与地理有关，包含有大量的人文地理和自然地理的资料。这些资料对于了解一个地区的地理情况、探索地理学的某些问题和规律，是很有价值的。

清代方志

清代方志大部分是由省、州、府、县奉命纂修的，有极少一部分是由地方或个人撰修。

清朝时期有非常多直省编纂志书，如清初编纂《明史》、三修《清一统志》，后来编纂《大清会典》《清文献通考》……直省都要为其提供材料。例如，康熙年间修《明史》，清廷特命各省督抚修志；康熙二十四年（1685 年）又诏天下各修府州县志，以备《清一统志》采择；雍正六年“命天下督臣修直省通志”，“汇送一统志馆”。后来又规定，每个地方志要“每六十年一修”。这些规定使得各地修志实现了经常化和制度化，所以康熙至嘉庆年间有非常多成书的方志。后来，“六十年一修”的规定并没有得到严格执行，有很多府州县志皆能做到数十年或百余年一修。如今还存在的清代云南省志有 13 部、河南省志 6 部、永平府志 5 部、徐州府志 5 部、徽州府志 6 部、松江府志 6 部、光州志 6 部、六安州志 6 部、无锡县志 10 部、丹徒县志 6 部。然而，在当时，无论是何种地区都需要修志，数量也比明朝多很多。私家编纂方志的原因有很多，有的是在地方官到任之后，为了了解当地情况而修纂的。例如，云中知府胡文烨到任后，“日侍别府帷幄，凡所容扼塞、户口、士马、金谷之数，多不获原册考究”，于是在 1650 年聘请博学之士，纂成《云中郡志》来供他参考。而有些人编纂地方志是因为在外患内乱交困时，为“御寇边防，兼筹水陆，依山设险，添建围墙”。例如，曾国荃修《山西新志》就是如此。而有些是因为发现旧志有误，为了改正错误而修纂的。例如，康熙年间方式济受戴名世《南山集》案牵连，被发配到黑龙江卜奎戍边，通过实地考察，他发现旧志中存在很多错误，所以以自己考察为基础撰成《沙龙纪略》一卷。有的是因为在参与地方志的编纂，但是往往不能使自己满意，或者是因为其他原因没有完成，所以就另行编纂，如顾炎武修《山东肇域记》、焦里堂修《邗记》……事实上，私修方志名目是特别多的，有纯属方志体例而避其名者，如嘉庆初荔扉所纂《滇系》，实际是云南通志，但是他并不用这个名。有的地方志并不以全境作为记述对象，而只是对其中的部分内容进行分析作志；有的是专门立例示范，只作编纂提纲，不修全书的……如果把所有作志的内容进行整理就会发现其内容特别繁杂，风格迥异。

清代编纂的方志，并没有进行较为准确的统计。《清史稿·艺文志》著录824种，但是遗漏了一半。《清史稿·艺文志补》补充著录2159种，二者相加，共计2983种，但并没有囊括全部。庄威风据《中国地方志联合目录》统计，说现存清方志有4889种。虽然这个数量有了很大增加，但是并没有把乡土志、里镇志统计进去，同时已经失传的方志也并未纳入其中。因为有些方志的“始纂”“辑成”“刊印”的跨越时间较为久远，情况也较为复杂，所以统计起来是较为困难的。曾经有人进行过较为详尽的统计，包括乡土志、里镇志在内的方志现存有5298种。但这个数字还有待考证其准确性。这两个统计数足以说明，学术界认为清修方志不少于6000种的看法是有一定道理的。在历代方志中，清修方志的卷数和部数居第一位。

为了满足中央需要，清廷在要求地方修志时，往往附有许多具体规定，这样才能保证各地方能更好地执行。清康熙十一年（1692年），保和殿大学士周祚建议：“各省通志宜修。如天下山川、形势、户口、丁徭、地亩、田粮、风俗、人物、疆域、险要，宜汇集成帙。”当然，周祚将汇集的内容提出来了。这得到了康熙帝的批准，后来转发各省施行。也就是在这一年，礼部七月二十四日《题本》又强调“直隶各省通志，请敕下该督抚详查山川、形

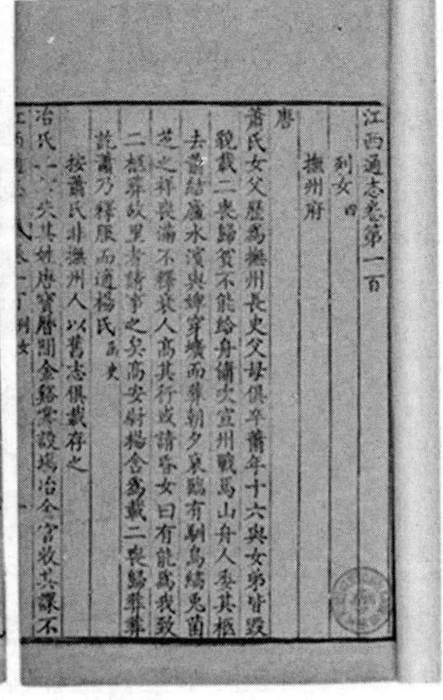

江西通志卷第一百
列女 四
撫州府
唐
蕭氏女父歷為撫州長史父母俱卒蕭年十六與女弟皆毀
貌載二喪歸貧不能給舟舖吏宣州戰馬山舟人委其柩
去蕭結廬水濱與婢穿壙而葬朝夕泉臨有馴烏綵兔菌
芝之祥哀滿不釋衰人高其行或請昏女曰有能為我致
二柩葬故里者歸事之矣高安尉楊含為載二喪歸葬葬
訖蕭乃釋服而適楊氏 舊史
按蕭氏非撫州人以舊志俱載存之

清代江西通志

势、户口、丁徭、地亩、钱粮、风俗、人物、疆域、险要，照河南、陕西通志款式，纂辑成书”。《题本》不仅对各省通志的内容进行了规定，而且还对通志的款式进行了规定。清代最早修成的省志是河南巡抚贾汉复纂修的《河南通志》，它成书于1660年，共50卷。分30门，即图考、建置沿革、星野、疆域、山川、风俗、城池、河防、封建、户口、田赋、物产、职官、公署、学校、选举、祠祀、陵墓、古迹、帝王、名宦、人物、孝义、烈女、流寓、隐逸、仙释、方技、艺文、杂辨。因为其内容和分类都符合朝廷的要求，所以清朝政府命令各省一律按此发凡起例、定下程式。在各省督抚奉命之后，都按照《河南通志》体例来修纂志书。两江总督于成龙为《江西通志》制定凡例时，曾经明确指出：“今遵部文，体例科条悉仿《河南通志》。”而其他各省也是如此。在1683年，礼部檄催天下各省，又再次强调“遵照《河南通志》例，限三月成书”。所以，在此时期所写成的省志，其内容和体例大致相同。

如此种种都说明了清朝政府特别重视各地修志，除由上而下逐级行文、颁发志例，由下而上申详呈报、逐级审查外，在考评子房官员政绩的时候也会考量其所修志书的优劣。在1728年，雍正颁旨称：“著各省督抚，将本省通志重加修葺，务期考据详明，采摭精当，既无缺略，亦无冒滥，以成完善之书。如一年未能竣事，或宽至两三年内纂成具奏。如所纂之书，果能精详公当，而又速成，著将督抚等官，俱交部议叙。倘时日既延，而所纂之书又草率滥略，或至有如李绂之徇情率意者，亦即从重处分。”其奖惩制度直接关系着地方官员的前途，所以各级官员都认真对待，谨慎行事。而评定志书好坏的第一标准就是体例是否符合规定。正是因为这些措施使得地方志体例趋向于严谨和规范化。

在清朝时期，形成了一股学者参与修志活动的风气。参与修志的学者，一部分人身为封疆大吏或府州长官，他们亲自主持修志工作，如广西巡抚谢启昆、广东巡抚阮元、山西总督曾国荃、扬州知府伊秉绶……其修成的志书，质量都非常高。而更多的学者则是受聘担任总纂或者是受邀参与其中，如顾炎武、方苞、戴震、章学诚、钱大昕、纪昀、洪亮吉、孙诒让、鲁一同、钱泰吉……他们把修志看作“著述大业”“不朽盛事”，因此态度非常认真，特别重视体例和考证，而且还会把自己的研究成果写入志书之中。由于他们都特别看重自己的名声，所以从来不会草草了事，所以他们主修的方志质量很高。当然，德高望重之人所纂修的方志对于当时地方志的编纂起到了引导作用，为当时很多人所仿效。陈澧说："昔阮文达修通志时，遍选各志书，以谢中丞所修《广西通志》为最佳，故《广东通志》仿其体例。嗣后各府县志，多依阮通志体例。今修《肇庆府志》，亦依阮通志体例。"

清代有很多著名的方志，就省志来说，较为出名的有顺治《河南通志》、康熙《陕西通志》、雍正《浙江通志》和嘉庆《广西通志》。

虽然与其他时期相比，清朝方志有了很大进步，但是还存在缺陷，即芜杂不整。当然，编纂者所投入的心血与方志的质量也是成正比的。

自然资源资料

我国素以地大物博而著称于世界。多种多样的自然环境，蕴藏着丰富的自然资源，这是祖祖辈辈生活和生产所必需的物质基础，历代的方志对此很重视，书中一般列有"物产""土产""矿产"的项目，对地上的动植物资源和地下的矿产资源进行记载。一般说来，这些物产资源在明清以来的方志中，都有分门别类的综合记载。例如，明正德《琼台志》在"土产"部分所记海南出产的植物、动物、矿物和药物，多种多样，非常丰富。现将统计数字列下：

植物方面有谷 9 种，菜 50 多种，花 59 种，果 39 种，草 38 种，竹 25 种，木 73 种，藤 8 种；动物方面有畜 10 种，禽 52 种，兽 17 种，蛇虫 55 种，鱼 47 种，水族 19 种；矿物 12 种；药物 115 种。

《琼台志》中的物产，除了详列品种名称外，对每种物产还有详略不一的说明，如记载"荔枝出琼山西南界宅、念都者多且佳，有红紫青黄数种"。"龙眼俗呼圆眼，出琼山东界并文昌者佳。""椰子树如槟榔，状如椶榈，叶如凤尾，高十数丈，有黄、红、青三种。黄性凉、青热，出文昌者佳。'榕'枝上生根，垂延到地，仍复萌孳成木。""水晶石生山谷中，明亮如削。""引针石即磁石，出崖州、临川港者佳，相地者用之引针，以定子午。"

从《琼台志》的记载，不但可以看到海南岛自然资源的丰富，而且动植物中有不少是热带亚热带的特产，单以果树来说，便记有荔枝、龙眼、菠萝蜜、香蕉、槟榔、椰子、杨梅、石榴、柚、橙、橘、柑、羊桃等。这些热带亚热带的植物果品的记载，在北方各省的方志中是找不到的。因此，我国南

北和东西各地志书中所记载的某些植物，不仅为过去了解各地的生物资源提供了资料，而且在今天还可相互比较，有助于研究历史气候的变化。

有的方志在记述物产时，明确分为“同产”与“特产”两项，如《云南通志》便“以通省同产者列于前，各郡县特产者分别列于后”。书中将“同产”（通省同产者）分为谷、蔬、菌、果、花、木、药、羽、毛、鳞、食货11属，每属之下，名类详悉。而特产系按21府分别叙述，每种特产则有生态、用途的说明，以其中的元江府为例，载述特产：“抹猛果，树高数丈余，叶大如掌，熟于夏月，味甘。槟榔，一名仁频，树高数丈，旁无附枝，正月作房，从叶中出一房，百余实，大如核桃，剖干和芦子石灰嚼之，色红味香。荔枝仅数本，味酸肉薄。普洱茶出普洱山，性温味香，异于他产。降真香、麒麟竭，木（树）高数丈，叶类樱桃，脂流树中，凝红如血，为木血竭，又有白竭。藉木，鳞蛇胆黄黑二种，长丈余，具四足，能食鹿，春夏在山，秋冬在水，土人取之真胆，治牙痛、解诸毒，黄为上，黑次之”。

像《云南通志》这样分同产与特产来叙述全省的物产，在方志中颇具特色。利用它既便于掌握全省一般物产的分布情况，同时又有助于对稀有物产的了解。

我国幅员广大，不但陆上的东西南北各地有多种多样的物产，而且又因东南面向海洋，在沿海各省的方志中还有大量海洋资源的记载。仅以其中的海藻一项来说，在福建沿海地区的府志、县志中，都有关于它的种类、形态、用途及产地的记述。例如：

福建《漳浦县志》记有12种：“紫菜一名索菜，潮至鬖鬖，潮落粘带石，吴都赋纶组紫菜是也，品味极佳。赤菜色赤，茎有岐，以水洒之，晒日中久，则作雪色，妇人多煮为膏以泽首，或为浆，以理苎布。鹿角菜一名猴葵，海生而色紫，有茎，无叶，其长婀娜，品亦不下紫菜。石花菜生海礁中，叶如蜈蚣脚，性寒，六月煮之，凝如冰。鹧鸪菜生海石中，散碎，色微黑，小儿食之，能下腹中虫。虎栖菜生海石中，穗长二三尺许，叶如兰，蕊微黑。羊栖菜生海石中，长四五寸，色微黑。鹅肠菜生海石中，长四五寸，其薄如带，色黄。海菜生海中沙地，长如线，色微红。苔垢菜，紫菜取尽，石上复生苔衣，状如浮垢，故名。蛎菜生海中沙地上，长半寸许，成簇而色绿。海苔菜绿色，如乱丝，生海泥中，可干食，亦可湿食。”

福建《同安县志》记有5种，除上述的“紫菜”“赤菜”“石花”外，还

物产丰富的大海

增加了“浒苔”和“龙须菜”。记载“浒台一名海苔，生海中，状始绿发，长三、五尺，其出澳内者名淡苔尤美，以同蟹鼓浪屿所出为最”。

福建《海澄县志》记载了4种，除前述的“紫菜”“海苔”外，还有“青菜”和“发菜”。对后两种记载道：“青菜冒生海石上，色绿，状似紫菜而质薄，味亦滑美。发菜生海石上，色赤，丝丝如散发，自紫菜以下，海滨自然之产，非蔬圃中物，实蔬属也。”

历史上对海洋资源的认识利用，还没有做过系统的搜集整理。以上只是几部方志关于食用和药用海藻的不完整记载，由此亦可见沿海地方志中海洋物产的资料是不少的，在开发我国海洋资源的工作中，整理沿海方志里的这类资料，可以提供重要的参考作用。

方志除了对地上资源有丰富的记载外，地下资源诸如煤、铁、金、银、铜、锡、石油、天然气、井盐等，历代志书也有或多或少的记载。以石油、天然气为例，自汉至清对其产地、性能和利用情况就有连绵不断的记载：《汉书·地理志》上郡高奴县条下注“有洧水可燃”(上郡高奴县即今延安一带)。

晋张华《博物志》卷9：“酒泉延寿县南，山名火泉，火出如炬。”该书

卷9还记载："临邛火井一所，纵广五尺，深二、三丈，井在县南百里。昔时人以竹木投以取火，诸葛丞相往视之。后火转盛，执盆盖井上煮盐（水）得盐。"

晋常璩《华阳国志》卷3"蜀志"中载："临邛县郡西南二百里，本有邛民，秦始皇徙上实之。有布濮水合火井江。有火井，夜时光映上昭，民欲其火，先以家火投之，倾许如雷声，火焰出，通耀数十里，以竹筒盛其光，藏之可拽行终日不灭也。井有二（咸）水，取井火煮之，一斛水得五斗盐，家火煮之，得无几也。"

唐李吉甫的《元和郡县志》卷3记载肤施县"清水俗民去斤水，北自金明县界流入，地理志谓之洧水，其肥可燃，鲜卑谓洧水为去斤"。该书卷40还记载："石脂水在县（今玉门镇）东南一百八十里，泉有苔如肥肉，燃之极明，水上有黑脂，人以草盝（捞）取，用涂鸱夷酒囊及膏车。周武帝宣政中，突厥围酒泉，取此脂燃火，焚其攻具，得水逾明，酒泉赖以获济。"

宋乐史《太平寰宇记》卷152载"陇右道三，废肃州、酒泉县"条下："延寿城中有山，出泉注地，其水肥如牛汁，然（燃）之如油，极明，但不可食，此方人谓之石漆。"

《元一统志》卷4有3条陕北油田的记载："在延长县南迎河，有凿开石油一井，其油可燃，兼治六畜疥癣，岁纳一百一十斤。又延川县西北八十里永平村有一井，岁办四百斤入路之延丰库。""在鄜州东十五里采铜川有一石窟，其中出此（指石油）。就窟可灌成烛，一枝敌蜡烛之三。""在宜君县西二十里姚曲村石井中，汲水澄而取之（指石油），气虽臭而味可疗驼马羊牛疥癣。"

《明一统志》有两条记载：卷80南雄府"油山，在府城东一百二十里，高数千仞，其势突屹，旁有一小穴出油，人多取以为利"。卷36延安府"延川、延长二县出石油，自石中流出，每岁秋后居民取之，可以燃灯疗疮"。

清四川《富顺县志》记载："火井在县西九十里，井深四、五丈，大径五、六寸，中无盐水，井气如雾，烽燽上腾，以竹去节入井中，用泥涂口，家火引之即发。火根离地寸许，甚细，至上渐大，高数尺，光芒异于常火，声隆隆如雷殷地中。周围砌灶，盐锅重千斤，嵌灶上煎盐，亘昼夜不熄。如不用，以水泼之即灭；或欲别用，以竹筒通窍引之，可以代薪烛……尝有皮囊囊之，行数千里，越数月，窍穴以火引之，光焰不灭。"

方志所载地上地下各种自然资源，是经济地理的重要内容，对研究区域经济的形成和进行生产配置，都是很有参考价值的，可是对于这些解放前几乎无人过问，只有地质学家章鸿钊辑有《古矿录》一书，且书中也只搜集了部分方志的少量记载。解放后在整理研究方志中自然灾害资料的同时，才辑出了大量有关自然资源的专题资料，如北京图书馆辑有《方志报矿资料》，中国农业遗产研究室辑有《方志物产》，重庆市图书馆依据所藏四川方志编了《四川各地矿藏提要索引》，旅大图书馆编有《馆藏地方志目录及物产提要》，上海市文物保管委员会辑有《上海地方志物产资料汇辑》等。从方志中搜集整理各地物产的这类工作，对摸清我国历史上自然资源的地理分布及其发展情况，特别是利用方志关于矿产的记载帮助地质找矿方面，使其古为今用，是很有意义的，并已起到了一定的作用。

人口地理资料

历代志书一般都有户口的记述，主要内容是关于户口数量、性别、职业、民族及其分布等，有的还有人口迁移情况。这些记载是研究我国历史上有关人口地理的很好资料。“户”和“口”是几千年来我国传统人口统计的基本单位，历代方志都重视记载户口，是和统治阶级为了征兵征税与稳定封建社会的统治秩序，有着密不可分的关系。

在全国性的区域志如《汉书·地理志》《元和郡县志》《太平寰宇记》和元、明、清各朝的“一统志”中，都有当时全国户口统计数字的记载。现存全国性的完整记录，以《汉书·地理志》所载西汉末平帝元始二年（公元2年）为最早。是年除载有全国“民户千二百二十三万三千六十二、口五千九百五十九万四千九百七十八”而外，还对所属103个郡国的户口分别进行了记述，如“广陵国……户三万六千七百七十三，口十四万七百二十二”。“长沙国……户四万三千四百七十，口二十三万五千八百二十五”。《汉书·地理志》所载元始二年的全国及下属103个郡国的人口，虽然只列有统计数字，而无其他构成情况的说明，但我们以所载各郡国的人口数与其土地面积逐个相除，便可得到103个郡国的人口密度。

人口的地区分布和人口密度，是人口地理学的重要内容，对研究西汉时期的人口地理具有重要价值。其中的人口分布情况，以州而言，司隶、豫州、

冀州、兖州、徐州和青州的人口密度较大，而荆州、扬州、益州、凉州、并州、幽州、朔方和交趾的人口密度较小；以郡国来说，平原郡、济阳郡、颍川郡、清河郡和东平国的人口密度最大，每平方千米都在190人以上，其中平原郡最高，达到每平方千米400多人，而敦煌郡、郁林郡、张掖郡、牂舸郡和武威郡的人口密度最小，每平方千米都不到1人。由于人口的地区分布和密度大小是和自然条件与社会条件（主要是生产水平、经济情况）有密切关系，可以对西汉各州、郡国的人口分布与人口密度所呈现的不同情况，进行区域分析，对比研究当时自然条件、生产水平、经济情况以及其他社会原因，在人口地理分布上所产生的作用和影响。

在地方性的区域志如通志、府志、县志中，特别是明清以来这方面的大量著作，都辟有“户口”一项，载述一地一域的户口情况，且有的地方志记述很详细，为研究区域人口地理积累了很丰富的历史资料。例如，明代唐胄于正德年间编集的《琼台志》就是这样一部著作，它所记载的户口有如下三个特点。

第一，将海南岛从汉至明的户、口数排列成表，展示了海南全境历史上的人口发展概况，且略古详今，将明代分洪武二十四年（1391年）、永乐十年（1412年）、成化八年（1472年）、弘治五年（1492年）、正德七年（1512年）分县列出了户数与口数。方志著作中《元和郡县志》最早记载了一个朝

清明上河图再现了汴州的繁华

代两个年代的户口（开元与元和），而《琼台志》加以扩展，记载一个朝代五个年代的户口，这种情况在已往方志中还未曾发现。它为研究明代海南岛的人口分布与人口增减，提供了极为宝贵的资料。

第二，永乐十年的户口分“黎”与“民”统计。将黎族的户、口数与其他民族（主要是汉族）的户、口数分别计算列出，这便突出了黎族在海南岛人口分布中所占的比重和地位。由统计表可见全岛除会同之外，其余各地都有黎族分布，而在感恩县就户数来说，黎族还超过了汉族。综观全岛，黎户约占全岛户数的20%，黎民占全岛人口的12%。该年全岛各县的“黎”“民”户、口统计，不仅是研究海南黎族分布的主要历史资料，而且也是研究全岛历史上民族构成及其比例关系最早的珍贵记载。

第三，由于《琼台志》编修于正德年间，故对正德七年的户口记载特详，有男女性别、男子成年与未成年、职业分工等情况的分县统计。由分县统计数字迭加得到的全岛总户数是“五万四千七百九十八”，其中“民户四万三千一百七十四，军户三千三百三十六，杂役户七千七百四十七（官户一十、校尉力士户四十八、医户三十、僧道户七、水马站所户八百一十六、弓铺祗禁户一千六百二十二、灶户一千九百五十二、蛋户一千九百一十三、窑冶户一百六十、各色匠户一千一百八十九），寄庄户五百四十一”。全岛总口数“二十五万一百四十三”，其中“男子一十七万九千五百二十四（成丁一十二万一千一百四十七，不成丁五万八千三百七十十七），妇女七万六百一十九口”。这些统计对研究分析正德年间人口组成情况是非常有用的。

正德《琼台志》不但将历代户口数字排列成表，而且对各朝人口之增耗还有原因的分析论述。历史上关于户口的记述如此全面详细，在府、州、县志中是不多见的，对我们今天研究海南的历史，特别是明代民族、人口的构成与分布情况，均是很有参考价值的资料。

我国是一个人口众多的国家，人口学、人口地理学的研究极为重要。历代志书中的有关记载，给研究历史上的人口分布、人口地理、都市发展，提供了很丰富的材料，尤其是研究地方人口的历史变迁，方志著作中的记载，更是不可缺少的重要参考资料。

综合以上所述，方志里包含了相当丰富的地理资料，这些资料不仅在当时对了解一地一域的地理情况有过重要作用，是我国古代地理学史上不可忽视的成就外，而且其中有些资料对今天研究历史地理环境和某些地理

规律问题，还具有重要的参考价值。当我们从地理角度对方志作出这种肯定的同时，也应该指出的是，方志著作记述地理现象，体例格式既千篇一律，世代相沿，内容又主要是事实的罗列，很少原因的解释和规律的探讨。关于这点，清代地理学家刘继庄在《广阳杂记》里早已有所批评，他说："方舆之书所记者，惟疆域、建置沿革、山川、古迹、城池、形势、风俗、职官、名宦、人物诸条耳。此皆人事，于天地之故，概乎未之有闻也。"刘继庄认为方志这类地理书籍，按照固定的条目只讲"人事"是不够的，还必须要阐述"天地之故"。什么是"天地之故"呢？简言之，那就是自然的规律。2000 多年来，我国传统地理学之所以在理论上建树不多，方法上又主要是在书斋内进行研究，以致发展缓慢，其重要原因之一，就在于不重视到大自然里去考察研究"天地之故"。所以刘继庄在批评方志等著作时所提出的这种先进地理思想，既代表了地理学发展的新方向，又击中了方志著作在地理内容上的主要问题。

此外，由于时代条件的限制，在方志所述及的地理现象中，还有不少穿凿附会、宣扬封建迷信的内容。例如，《康熙台湾府志》在讲到台湾山脉情况时说："……至若深山之中，辙迹罕到其间，人形兽面，乌喙鸟咀，鹿豕猴獐，涵淹卵育，魑魅魍魉，山妖水怪，亦时出没焉，则又别一世界也。"书中还说："山不在高，有仙则名，水不在深，有龙则灵，故必产异材奇节，而后佳山胜水可以掩映千古也。"又如《滇黔志略》在论述山川时亦说："黔中殊少英秀，崄巇阻深，颇疑阴阳重浊之气锺于是邦，然岩洞之胜，嵌空玲珑，瑰奇诡特，殆不可数计，盖又非寰宇所能媲美也。前明中叶而后，往往笃生伟人，杰然与上国争衡，拒非浑朴其外，而灵秀蟠结，毕伏于千岩万壑中欤？"类似这类无中生有、违反科学的论述记载，虽然不是方志著作所独有，但也确实起到传播、毒害的作用，阻碍了人们对地理现象的深入认识。

方志是我国丰富文化典籍的一部分，也是组成我国古代地理文献的一方面，在它源远流长的发展过程中，既积累有大量珍贵的地理资料，也存在不少主观臆造的唯心主义内容。因此，在整理研究方志中的地理遗产时，必须坚持实事求是的科学态度，精心审读，明辨是非，取其精华，去其糟粕。

月牙泉

我国甘肃省敦煌市南5千米处的鸣沙山，有一汪泉湖，东西长约218米，南北宽约54米，平均水深5米，最深处也只有7米多。湖面形似月牙，故被称为“月牙泉”。

“月牙泉”处于广袤无垠的沙漠之中，周围是一片黄沙。黄沙在热空气下终日作鸣。我们知道，肆虐的风沙不仅能吞噬城镇和村庄，而且能把耕地变为荒漠。唯独“月牙泉”却安然无恙，碧波荡漾，这是什么原因呢？原来鸣沙山的前山与后山之间的谷中蕴有泉水，泉水顺着地势由西向东不断渗出，形成一月牙形沙中洼地，积水成湖。由于泉水源源不断地流入湖中，所以太阳晒不干它。

那么，它又怎么会不被风沙吞没呢？其实那里一年四季主要刮东风或西风，这两种风向正好与月牙泉所在山谷的趋向一致。由于月牙形沙丘周围的沙子在风力作用下总是沿着山梁和坡面向上滚动，即使风力再大，沙子也不会被刮到泉中去。有时刮东北风，这效果就更明显。风顺着喇叭口进入山谷，由于地形急剧变窄受阻，便形成旋风，将沙子卷上沙山。“月牙泉”因此便永葆青春。

第六章

测量与制图

地图是地理学的特殊语言，最能直接、明确地表现各种地理认识和地理要素。因此，我国人民从很早就开始利用地图。地图是我国古代地理学的重要组成部分，地图的演变经历了一段漫长的时间，此外，近代制图学的传入对我国地图学的发展也产生了很大的影响。

第一节 传统的制图理论

宋代的测量

使用“水平”（水准仪）、“望尺”（照板）、“干尺”（度干）等仪器测量地势高低，测值的精确度往往随着距离的增长而降低。在宋代的测量中，水准仪仍然是常用的仪器。《武经总要》附的水准仪，乍一看像是一种平板仪或经纬仪，但是，根据图中的说明，它是一个有三个浮标的水槽，而每一个浮标都有一个观测点。沈括（1031—1095 年）认为，过去用的这种测量方法“不能无小差”。于 1072 年他曾利用汴渠堤外过去取土后留下的旧沟，把沟分成若干段拦水筑堰，分别量算出各段之间的高差，然后把各段的高差相加，从而得到总高差。他用这种方法测得从汴京上善门至泗州淮口 840 里 130 步之间的距离内，地势高差为十九丈四尺八寸六分。沈括的这种方法，就中西文献所见都是一个创举。不过，这种方法只能在特定的条件下使用，因此它的实用价值有一定的局限性。

沈括在地理学上的贡献是多方面的。他除了对多种自然地理现象加以观察、记录、解释外，对地图测绘也有重要的贡献。例如，对于古人的飞鸟图曾有精辟的论述：“地理之书，古人有飞鸟图，不知何人所为。所谓飞鸟者，谓虽有四至，里数皆是循路步之。道路迂直而不常，既列为图，则里步无缘相应，故按图别量径直四至，如空中鸟飞直达，更无山川回屈之差。”主要是说两地之间必须求得像空中鸟直飞那样的水平直线距离，画在地图上才能准确。

在方位的使用方面，沈括也由前人只用八个方位发展到用二十四个方位

注记郡县之间的方位关系，如他在《补笔谈》中所说："分四至八到为二十四至，以十二支、甲乙丙丁庚辛壬癸八干、乾坤艮巽四卦名之。使后世图虽亡，得予此书，按二十四至以布郡县，立可成图，毫发无差矣。"

沈括就他绘制守令图说过如下一段话："予尝为守令图，虽以二寸折百里为分率，又立准望、互融、傍验、高下、方斜、迂直七法，以取鸟飞之数。"分率即比例尺。准望即方位。互融是两地之间的距离，与裴秀"制图六体"中的"道里"同一意思。从引文的文句看，"傍验"是"七法"中的一法。可是，果真如此的话，有些问题就解释不清。例如，"傍验"的具体内容和它的科学意义是什么？沈括虽曾强调不能用两地之间的人行里数绘制地图，而必须取两地之间的水平直线距离，但是，用"高下、方斜、迂直"三法，即高取下、方取斜、迂取直三法，正是取得鸟飞之数的方法，为何还加"傍验"一法，它在此起何作用？再看文句，在"又立"之后，只有"准望、互融、傍验、高下、方斜、迂直"六法，而不是七法。因此，有人说沈括在"制图六法"的基础上增加一法成为"七法"，是对制图学的一个贡献，实有商榷之处。

如果把"傍验"当动词作"要用"解释（傍是"依靠"的意思，"验"是验证的意思），将"互融"后面的顿号改为逗号，把"傍验"后面的顿号去掉，上述难以解释清楚的问题，便得到了合理的解释："予尝为守令图，虽以二寸折百里为分率，又立准望、互融，傍验高下、方斜、迂直之法，以取鸟飞之数。"就是说两地之间的距离，要用高下、方斜、迂直的方法，以取得像鸟飞一样的直线数字。这种解释与沈括所说飞鸟图的意思就一致了。

宋元舆图

宋、元两代，是我国地图的发展时期。据侯仁之教授研究，地图作为对全国政区进行有效行政管理的工具，"每发兵屯戍，移徙租赋，以备检阅"。宋王朝一方面要地方定期编绘造送，中央政府为了专门的需要也派人到地方绘制。有些地图，工程量很大，如首先完成的全国地图——"淳化天下图"，史称用绢一百匹。

由于政府提倡与实际需要的促进，见于著录的宋代地图比唐代的地图，不仅数量多而且种类繁杂。以种类而言，各种专门地图分类细致。例如：全国河山图、全国的州郡县图，域外图、水利、交通、都会、工程、转运、守令、城市平面等莫不有图。在地图发展的同时还发展了地图模型制作。宋代著名的地图仍保存至今的有：

1. 华夷图

华夷图是反映当时中外关系的图。此图是据唐代贾耽的《海内华夷图》缩简刻于石碑之上，现保存于西安碑林，长、宽各 3.42 尺。刻于“刘豫阜昌七年（1136 年）”。右下方有“岐学上石”字样，当是为教学需要而刻。并有“其四方蕃夷之地，唐魏公图所载，凡数百余国，今取其著闻者载之，又参考传记以叙其盛衰本末”。这就说明刻石原据底图。且黄河入海的路径，也从庆历八年（1048 年）改道之前的线路。只是改动了“契丹”，即今大辽国，其姓耶律氏。唐代强盛，对外通好进贡的国家较多，而入宋以后，“以不通名贡而无事于中国今略而不载”。邻国之中有“沃沮”“新罗”“百济”“高丽平壤”。左下角注西南，说：“欢州、日南，即越裳、林邑之地……宋自开宝以来，交趾修贡，请内附，皆受封爵。”左上角注“自建隆以来，通于国者于阗、高昌、龟兹、大食、天竺”。国内部分反映了山脉、河流、湖泊、长城等地物，以及各府、州等名称。所反映的自然地理地物和城市的地理位置与实际情况大体相符。只是海岸轮廓与今图比较，变形较大。河、江的源头也不够准确。

2. 禹迹图

与华夷图同刻一石。顾名思义是反映国内地物的本国地图。该图是现存最早的画有方格的地图。每方折百里。横有 70 个方，竖有 73 个方，共有 5110 个方。图的范围北到今河套，南到今琼崖。由于采用带有数学基础的全国性比例的“计里画方”制图法，所以水系、海岸的轮廓都更接近现在地图的形状。

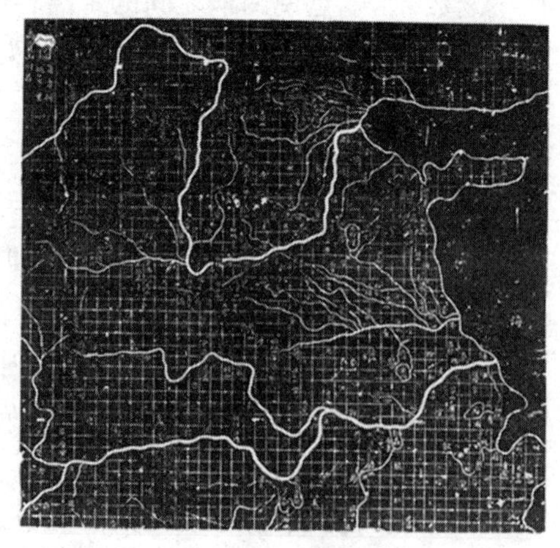

《禹迹图》的缩影

据曹婉如先生研究，宋代石刻《禹迹图》流传至今有两个：一刻于公元1136年，藏陕西博物馆，另一刻于公元1142年，现藏镇江博物馆。内容几乎相同，原因很可能是据沈括绘制的《守令图》缩绘而成，完成的时间约在公元1080年至1082年间。

 3. 九域守令图

此图即北宋三年（1121年）的政区图。长130厘米，宽100厘米。比例尺1: 1.9百万。图内有1400多个宋代地名，分两级行政区表示，府、州、军以大字号表示；监、县以小字号表示。图内表示了4个京府；10个次府；242个州；27个军；4个监；1118个县。行政治所点位正确，海岸轮廓相当精准，与今图轮廓相似。山，以传统写景法表示，上有森林符号。标注了山名的有近30座；标注了河流的有近13条。图中四川境内的水系绘得详细准确。它是我国世传地名最多、时间最早的全国政区图。

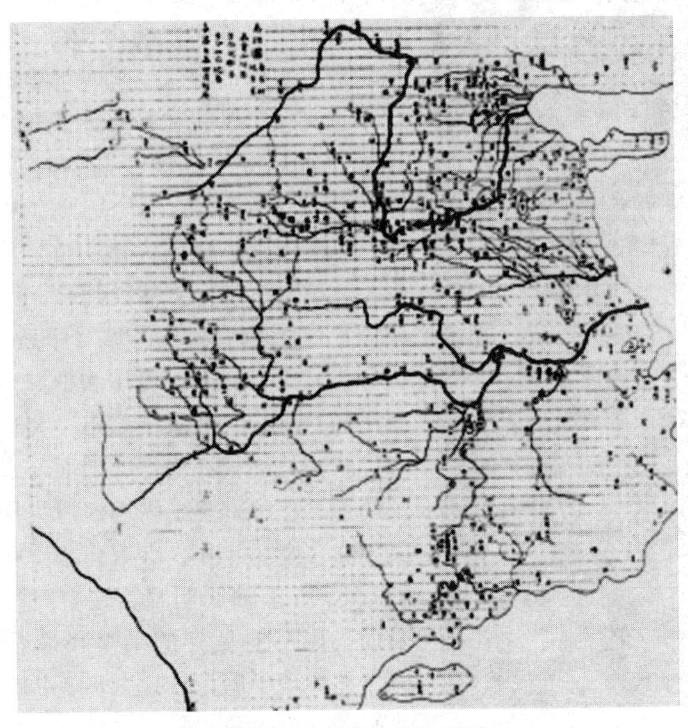

北宋刻《九域守令图》墨线

4. 地理图

此图是南宋黄裳（1146—1196 年）于淳祐七年（1247 年）绘刻的全国写意地形图。现存于苏州文庙。碑高 6.7 尺，宽约 3.2 尺。地理图表示了山、川、森林和路、府、州以及海岸线等内容，大体准确。标注名称的山脉有 120 多座；标注名称的江河有 60 多条。标注的行政区名共 410 个左右。

黄裳还制过木质的地图模型。

5. 平江图

平江是北宋时期苏州的名称。平江图是南宋绍定二年（1229 年）刻绘的苏州城市平面图。图高 2.76 米，宽 1.42 米，具有一定的方位、比例关系。它清晰地反映了当时苏州城市的面貌。图内绘有城廓、道路、河流水系、街道、官署、庙宇、园林、作坊以及城外的山脉等。对当时苏州城的构筑物、建筑物的外形轮廓、立面造型、结构等都生动地反映了出来，其城市风貌和一些细部亦清晰地表现出来。如果将此平面图与当时苏州城相比较，其城市地物与图所表现的内容相当吻合，精确无误，比例大体一致。采用平面投影与立体写景结合方法绘制。

《平江图》石刻

平江图的中心是衙城（子城）。此外城区分为六区，四周有城墙和护城河环绕。最突出的是它是一个水上城市，大运河绕城而过，它又处于长江南岸，四面环水，河流湖泊串通。图中表现了城内河道纵横交错，桥梁 300 多座。此外，寺观庙宇 100 多个，作坊 65 个。中轴线明显，左右对称。此图是目前我国所能见到的最早和最好的城市地图。它体现了我国 12 世纪城市地理的知识水平和城市地图的制作水平。

6. 桂州城图

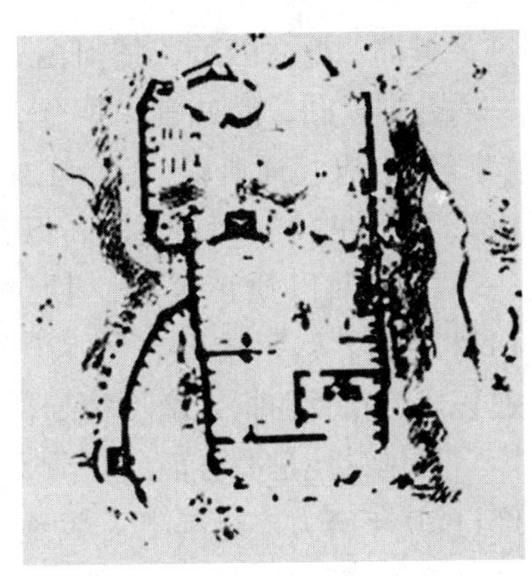
《桂州城图》

它是我国古代最大的城市平面图，刻在今广西省桂林市城北鹦鹉山南麓石崖上，高3.4米，宽3米。刻图时间是1271年至1273年间。图中反映了主干街道11条，突出的地物是城壕、军营、官署、桥梁、津渡。城内各种军事地物与地方的官、民建筑之间互相沟通，融为一体。城门、城墙、城楼、官署、桥梁、山峰用写景法表示，军营用文字注记。此外，还用文字题记此城的修筑经过、城池大小及工料费用等。它是继《平江图》之后又一重要的城市平面图。

7. 从朱思本的《舆地图》到罗洪先的《广舆图》

朱思本（1273—1333年）字初本，号贞一，江西临川人。

他出生在南宋普通知识分子家庭，受过良好的家庭教育，自幼喜读地理书籍，曾梦游天下。入元后，家道衰落，14岁前后离家至龙虎山上清宫学道。

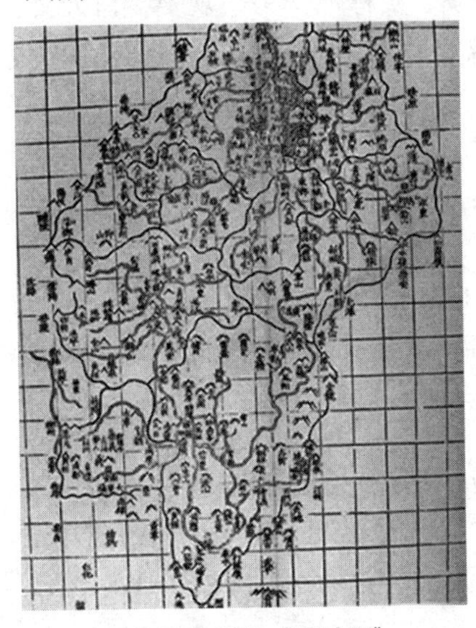
朱思本所绘《舆地图》

后迁居大都（今北京），成为地位很高的道教徒。他终于实现了幼年游览天下名山大川的夙愿，常常奉诏代表皇帝或朝廷祀名山大川。他利用这一条件到山西、河北、河南、山东、安徽、江苏、浙江、江西、湖南、湖北等地进行野外的地理考察，所到之处都考证地名，绘制地图。他说：“予幼读书，知九州山川，及观司马氏周游天下，慨然慕焉。后登会稽、泛洞庭，纵游荆、襄，流览淮、泗，历韩、魏、齐、鲁之郊，结辙燕、赵……由是，奉天子之命，祠嵩高，南至于桐柏，又南至于祝融，至于海。往往讯遗黎、寻故迹，考郡、邑之因革，核河山之名实，验诸滏阳、安陆石刻禹迹图、建安混一六合郡邑图，乃知前人所作，殊为乖谬，构思为图以正之。阅魏郦道元注《水经》、唐《通典》、《元和郡县志》，宋《元丰九域志》、今秘府《大一统志》，参考古今，量较远近，既得其说，而未敢自是也。中朝大夫，使于四方……则每嘱以质诸藩府，博采群言，随为图，乃合而为一。自至大辛亥（1311 年），迄延祐庚申（1320 年）而始成功。其间山河绣错，城连径属，旁通正出，布置曲折，靡不精到。”

可见，他是一方面研究前人积累起来的成果，另一方面又亲历考察研究，经过 10 年努力才绘制出《舆地图》。他治图严谨，对“言之者既不能详，详者又未可信”的材料，以及“涨海之东南，沙漠之西北”他不轻易下笔，宁可“如用厥如”。图成之后曾刻于江西龙虎山上清之三华院。

朱思本的《舆地图》是采用我国传统的计里画方法绘制的。比例尺是“每方折地百里”，其图长、宽各 7 尺。此图作为元、明两代地图的祖本，支配了中国地图 200 多年，直到清代康熙末年才散失。成就的特点是“其足迹之广，目验之多，自属突胜前人”。他还有《贞一斋杂著》《贞一斋诗文稿》传世。

罗洪先（1504—1564 年），字达夫，号念庵，江西吉水人。他曾中进士第一，后得罪朝廷被革职。身处逆境更加奋发，史称他“考图观史，白天文、地志、礼乐、典章、河渠、边塞、战阵、攻守，下逮阴阳算数，靡不精研”。他在整理旧图时，发现朱思本的地图最正确、最可靠，于是以《舆地图》为基础，增广了边远地区和国外部分，取名为《广舆图》，方使朱思本的《舆地图》广为流传。他用了十年功夫，分幅转绘，“增其未备”“广其图至于数十幅”，在 1541 年前后编成《广舆图》2 卷。

《广舆图》是明代的一部综合性的全国地图集。计有“舆地总图”一幅，两直隶十三布政司图十六幅；九边图十一幅；洮河、松蕃、虔镇、麻阳诸边图五幅；黄河图三幅；漕河图三幅；海运图二幅；朝鲜、朔漠、西域图四幅；东南海夷图、西南海夷图、四夷图各一幅；日本、琉球各二幅。这部图集是以明廷版图为核心，按行政区划分幅的当时地理视野所及的世界地图集。又配以经济发展，与国民经济关系切要的一些专门性地图。因此，构成明代一部体例完备的全国综合性地图集。此图集，明、清两代多次翻刻，流传很广，影响极大。

海图

海图是另一个系统的地图。北宋末年成书的《宣和奉使高丽图经》和王应麟《玉海》卷15记载的“绍兴海道图”，可能是现存最早见于记载的海图。元代继续发展海运事业，也绘有海上航行“图本”，可惜这些图早已散失。

明代，由于海上常有倭寇搔扰，海患尤为突出，因此记述海防的图籍大量增加。收在《金声玉振集》里的《海道经》中的“海道指南图”，是我们现在看到的比较早的海道图。其他与航海有关的地图有：《筹海图编》中的“沿海山沙图”“沿海郡县图”和“登莱辽海图”；《郑开阳杂著》中的“万里海防图”“海运全图”；徐必达于万历二十三年（1595年）进献的“乾坤一统海防全图”；《武备志》中的“海防图”“自宝船厂开船从龙江关出水直抵外国诸番图”（“郑和航海图”）、卢镗的“浙海图”等，都很负盛名。特别是一长卷的“郑和航海图”，不但范围大、地名多，而且还相当详细地注出了针位和航路，有很高的实用价值。“郑和航海图”虽不是最早的，也应该承认它是系统最完备的。它在海图发展史上占有重要地位。

郑和（1371—1434年），云南昆阳人。他受明成祖朱棣的派遣，从1405年起，迄于1433年，先后七次下西洋，最远到达非洲东岸肯雅的慢八撒（在今肯尼亚的蒙巴萨）。

现在看到的“郑和航海图”是17世纪20年代茅元仪编纂的《武备志》第240卷中的附图。图上记载的地名计500多个。15世纪以前，我国记载亚非两洲的地理图籍，在地名方面以“郑和航海图”最为丰富。图上注出航线的“针位”、计算距离的“更数”和使用的牵星（古代航海天文导航称之为“过洋牵星”）等。如用现代地图与它对比，可以看出“郑和航海图”是比较正确的。在15世纪的世界地图中，像这样一部伟大的作品，还是罕有的。由

郑和航海图

于“郑和航海图”绘有针路，在我国古代地图分类中故有“针路图”的别称。清代郜广文绘的“七省沿海图”中的“地平上半圆面球纬线一百八十度内方域全图”，在图形图框上环以二十四向分表示方位，这又是另一种形式的“针路图”。

清代绘制的航海地图中，有的质量已有改进提高，有的如专供帆船使用的海图，未必能超过“郑和航海图”。前国立北平故宫博物院文献馆编印的《清内务府造办处舆图房图目初编》里记载的一些海防图和沿海图，以及乾隆刊本陈伦炯《海国闻见录》中的“沿海全图”等即属此列。而福建水师提督施世骠于康熙五十一年至六十年（1712—1721 年）进的“东洋南洋海道图”、康熙五十六年（1717 年）儒林仲子芳溪叶抄绘的“全国沿海图”“西南洋各番针路方向图”“日本国图”等，虽不能说这些海图都优于“郑和航海图”，但它们毕竟具有各自的特点。至于“山东至朝鲜海运图”“天津卫海道运粮图”，因为没有看到原图，所以内容如何不得而知。

西湖的由来

“欲把西湖比西子，淡妆浓抹总相宜。”可与古代四大美女之一的西施相媲美的西湖，究竟是怎样形成的，至今学术界仍众说纷纭。而弄清楚西湖到底是怎么形成的，对西湖的现在和未来的发展都有重要价值。

西湖湖盆的由来，有两种说法：

第一种，西湖处在杭州复向斜轴部北东倾伏端的丁家山组砂页岩分布区，湖盆原是砂页岩被剥蚀后留下的长条状构造盆地，后因黄尖组熔结凝灰岩的填充，盆底显得浅平。

第二种，西湖底部基岩大部分岩性与宝石山——葛岭的一致，原始湖盆实则是以六公园为中心的活火山口发展起来的陷落盆地。

第二节 地图学的发展

马王堆汉墓出土的地图

1973年在湖南长沙马王堆三号墓中出土了三幅绘于绢帛上的地图，即“地形图”“驻军图”和“城邑图”，都未注图名、比例尺和绘图时间。据此墓随葬木牍记载应为汉文帝十二年（前168年）入葬，至今已有2000多年了。

1. 《地形图》

汉代将《地形图》通称为《舆地图》，是一幅长、宽各96厘米的正方形彩绘地图。绘制地区的范围大约是今天东经111°~112°30′；北纬23°~26°之间。它可能是墓主人驻防地区，当时长沙国南部，包有今湖南（嘉禾县以西）、广东（连县以西，南至洙江口外南海）及广西（全州县、灌县以东）的交汇处。即今湘江上游、潇水和南岭九嶷山一带（金应春、丘富科：中国地图史话，科学出版社，1984年版）。图幅以上为南，下为北，方位系统正好与今天的地图相反。内容包括山脉、峰、河流、水源、居民地（乡、里、县

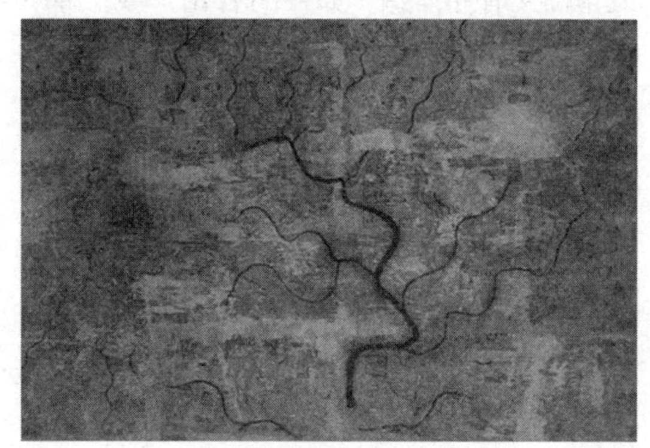

马王堆出土的《地形图》

城）、道路。图中用统一的符号，详细、准确地表示地物。主区外的邻区，图幅内容粗略。与今天同区地形图比较，自然地物与现代地形图位置大体相似。据此可以推测此图可能是经过实测或者部分实测而绘制出来的。即它是以实测作为基础绘制的。图中九嶷山脉用水平山形线和陡崖符号相配合。这种设计欧洲大约到13世纪以后才出现在地图上。图中共80多个居民点分别用方框、圆圈两类符号分级；20多条道路用虚、实两种线区分；特别是30多条河流的位置、水系结构特点和河流流向与现在地形图同地区水系大同小异（陈述彭：地图史话，中国青年出版社，1980年版）。整幅地图的名称、注记很有规律。地形图的比例平均数为十八万分之一。

居民点以大小不同，在地形图上可以分为两级。也许是县级和乡村级，其中县级居民点共8个，里村级居民点约74个。县级行政单位的驻地——县城用矩形表示，里村一般用圆圈表示，圆圈的大小不等，可以相差好几倍。县级的矩形符号大小也不等，也相差好几倍，这可能是反映了居民的规模大小不同。大部分县城和居民点之间都有道路相联系，这是符合交通路线与城镇居民点之间的实际关系的。道路大多用粗细不均的实线表示，粗的可能表示道路的重要与人流、货流或道路质量的情况。细的则比较次要，人流、货流可能较少，道路质量可能不如粗的。少数道路用虚线表示，这可能是小路或毛路。绘制的河流中有9条有注记名称，所有的河流上源细而下游粗，符合河流发育的实际情况。

地形及其中的山脉采用闭合的山形线表示，这与现代的等高线法很相似。山形闭合线内侧加上晕渲，使山脉的分布、高度、走向、延伸方向等反映得既精确又有立体感。如在闭合山形线上加鱼鳞小曲线层迭交错表示山峦起伏丛立，又添了9条高低不同的柱状符号，表示九嶷山的9座主要山峰，使整幅地形图更具立体感。这表明当时已具备粗略的投影概念。

马王堆《地形图》出土前，我国所能见到的是西安碑林中所刻的《禹迹图》和《华夷图》，它们是1136年被刻的。《地形图》比它们早1300多年，绘制的水平、精确度远较此二图为高，反映当时具有较精确的测算技术和丰富的地理知识。

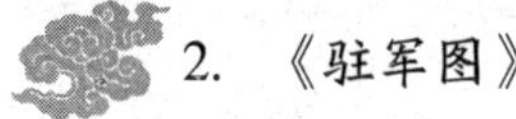

2. 《驻军图》

《驻军图》是一幅高98厘米，宽78厘米，用黑、朱红、田青三色彩绘成

的彩色军用地图。反映当时军队守备作战的兵力部署，左为东，上为南，与今天地图方位相反。主图区在今湖南江华瑶族自治县潇水流域，范围约 250 千米，比例尺 1∶8万～1∶10 万，相当于《地形图》的中部偏东南部位。

马王堆出土的《驻军图》

内容据其军事专门用途，突出驻军名称、布防分布位置、城堡、要塞、烽燧点、水池、防区界线等。把与驻军活动有关的内容，用鲜艳夺目的重色表示在主要层次之上。显眼的三角形城堡，表示大本营，红、黑两色套框表示要塞。而将一般的山脉、河流等地理基本要素用淡的田青色标出，放到了图面的底图次要层次之上。层次分明，一目了然，这与现代专门地图的多层次平面表示法相类似。山脉用“山”字形象形符号，山脊用单线表示走向。河流用田青的淡色。这就减轻了非专门内容在图面上的载负量，达到突出专门内容、突出主题的实际效果。居民点在图中至少有 49 处，用红圆圈表示，其旁注明户数，无人居住也注明，有人的居民点最多 108 户，最少 12 户。道路多与主要居民点相连，用醒目的朱红色表示。驻军营地选择有利地形条件。城堡多选择环水靠山之处，并分设岗楼控制地形。它体现了中国传统的复式兵力部署，重视利用地形的守备思想。它是现在世界上所能见到的最早的彩绘军事地图，体现了当时精湛的地理地图知识水平。

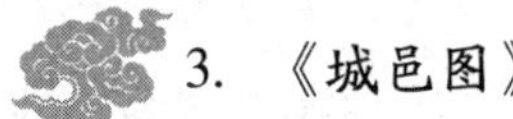

3. 《城邑图》

《城邑图》是出土的中国最早的城市平面图。长约 40 厘米，宽约 45 厘米。图上绘有城垣、城门、城堡楼阁、城区街道、宫殿、房院等。城墙的亭阁是蓝色的；街坊庭院是双线红色的。城内街区用宽窄不同的线条分出主街道与次（支）街道两级。宫殿、城堡等建筑物用象形符号表示。此古城外形

受损的《城邑图》

呈四方形，居民房院也如现在北方的“四合院”。城邑图的出土为研究我国汉代及以前城邑的规划、布局、结构、设防等许多城市地理问题，提供了第一手的珍贵资料。当时地图绘制都建立在测量基础上，汉代砖刻上的“记里鼓车”形象地反映了当时远距离测量的工具与测量水平。这在世界测量史上也有着一定的意义。

天水放马滩和马王堆出土的西汉地图，是目前世界上保存下来的最古老的地图，它比古罗马托勒密（99—168 年）《地理学指南》一书中的地图早 300 ~ 400 年，为地图学史增添了光辉的一页。

僧一行及其子午线测量

僧一行，俗名张遂（683—727 年），魏州昌乐（河南省南乐县）人。自幼刻苦好学、博极群书，及长因追求真理、逃避权势而到嵩山削发为僧，人称僧一行，开元五年（717 年）随族叔礼部郎中张恰到京城长安，任唐玄宗的天文顾问。此后他编了“大衍历”，推广刘焯的“关于太阳运行不等速”内插法公式，参加制成浑天铜仪和黄道游仪等，使用新创制的许多天文仪器，重新测定了 150 多颗恒星的位置，并多次测量二十八宿距天球北极的度数，发现前人测定的不少数据错误。他据自己观测的结果，推断恒星本身在天球上的位置是不断变动的，从而成为世界上第一个研究恒星运动的人。总之，一行在天文、历法和大地测量上都有卓越的贡献。

远在隋代大业初年（约 604—607 年）刘焯就提出：“请一水工（搞水平测量的工人），并解算术之士，取河（黄河）南北平地之所，可量数百里。南北使正，审时以漏，平地以绳……则天地无所匿其形，辰象无所逃其数。”大业三年（607 年）隋炀帝下令各地测影。此时因刘焯逝世而不果。100 多年后，为了制定完善的历法，于开元十二年（724 年）起，僧一行发起与主持

实地测量了子午线长度。选择测量了林邑（位于越南中部，约北纬 18°）；安南都护府（位于今越南）；郎州武陵县（今湖南常德）；襄州（今湖北襄阳县）；蔡州上蔡武津馆（位于北纬 33°8′）；许州扶沟（河南扶沟县，约北纬 34°3′）；汴州浚仪太岳台（位于今河南浚县，北纬 34°8′）；滑州白马（今河南滑县，北纬 35°3′）；太原府（今山西太原）；蔚州横野军（今河北蔚县）；铁勒（约在北纬 51°）；阳城（河南登封告城镇）；洛阳 13 处。他们选择白马、浚仪、扶沟、武津一带南北 500 余里的平坦地面上，观测日影长度差（晷差），并实地丈量距离，又测出上述四点的北极星高（纬度），这样就算出北极高度相差 1°，即地面上南北距离的差值，结果是折合今 122.8 千米，比今值多 11 千米多（今值 110.6 千米）。这也就是子午线 1°弧的长度。

僧一行和南宫说等人的这次大地测量是世界上第一次子午线长度的实际测量。它开创了我国通过实际测量来认识大地面貌的道路。著名科学家李约瑟认为这是科学史上的创举。

公元前 3 世纪的埃拉托色尼（约前 274—前 194 年）也利用日影去计算子午线的长，但仅是推算性质，没有实际丈量地面两点间的距离。此后国外子午实测最早的是公元 814 年，由阿尔·马蒙等人进行。他们在幼发拉底河的新查尔平原和苦法平原，测得子午线 1°长为 111.85 千米。其测算精度虽比僧一行等人测算的精度高，但时间比我国晚了 90 年。

近代制图学的传入与萌发

近代制图学是以地圆说及经纬网坐标为基础的地图发展阶段。在我国，近代地图学的萌发是与西方的地图投影及测绘技术传入有关。

1. 利玛窦传入世界地图

利玛窦（1552—1610 年），意大利耶稣会教士。他被教会派遣来中国传教。于 1577 年从罗马出发，经热那亚、葡萄牙、印度，至 1582 年 5 月到我国澳门。他先后到过广州、肇庆、韶关、南昌、北京、南京、苏州等地。他利用西方的制图、测量、天文、数学、几何等知识，与中国知识分子交往，作为传教的手段。西方新兴的科学技术如哥白尼的天文学、欧几里得的几何学等的传入，客观上对中国社会经济、科学文化的发展起了促进作用。利玛窦是近代中西文化交流的先驱，于1610年5月卒于北京。在中国的28年间，他绘制了十多种世界地图，其中有：《山海舆地全图》1584年、1600年及1604年刻版；《山海舆地图》1595—1596年刻版；《舆地全图》1601年刻版；《坤舆万国全图》1601年、1602年及1608年刻版；《世界地图》1606年刻版等。他在来中国的路上，沿途测量各地的经纬度，到了中国后又精确测量了扬州、淮安、苏州、济宁、临清、天津、北京等地的纬度以及北京、南京、大同、广州、杭州、西安、太原、济南等地的经纬度。在大量测量的基础上，利用投影方法绘制世界地图。把西方地理大发现所获得的地理知识，反映在图中传到中国来。利玛窦带来的地理新观念是：

（1）地球观念：地球是人类的故乡，它形如球体，有赤道、南北极，因此在其上可以划定各种量度的经纬线，以确定各地的经纬度位置。

（2）地球上可以依气候条件和纬度带划分为：赤道、热带、亚热带、温带、寒带、南北回归线等。

（3）地球上大洲和大洋的认识：世界地图上有欧罗巴（欧洲）、利未亚（非洲）、亚细亚（亚洲）、南北亚墨利加（南、北美洲）、墨瓦腊泥加（澳洲）。在各洲之上还标明国名，河、湖、海、岛的名称也标出了许多。

（4）地图中许多首创的译名也一直沿用到今天，如：欧罗巴、亚细亚、地中海、大西洋的洲、海、洋名称；赤道、南极、北极、北极圈、赤道、经纬线等普通自然地理名称；罗马尼亚、罗马、古巴、加拿大、尼罗河等国家、地区、大河名称等。

（5）地图上还对当时世界各地的文化、风土人情、地理特点做了简要介绍，是世界自然地理与世界人文地理的粗略轮廓。

总之，利玛窦带来当时对世界地理认识的新知识和新观念，对开拓中国人民的地理视野，冲击传统的古典地理观念都引起了巨大的反响。

2. 17世纪世界大地测量史上的壮举

明末清初，西方测绘技术传入后，我国的地图测绘进入了向近代制图学发展的新时期。

康熙皇帝玄烨（1662—1722年）是一个有自然科学兴趣和素养的明智皇帝。他深知精确的地图对处理政务和行政管理工作的重要作用，于1686年曾在批谕中说："惟是疆域错纷，幅员辽阔，万里之远，念切堂阶。"于是他希

望绘出“务求采搜闳博，体例精详”的图，使“厄塞山川，风土人物，指掌可治，画地成图”。据侯仁之教授研究“为了统一在测量中使用的长度，康熙帝规定以200里合经线1°，每里1800尺，每尺合经线千分之一秒，这种以地球体经线长度来规定尺度的做法，还在法国于18世纪末以赤道长度规定为公尺长度之先”。“康熙四十一年（1702年）测定了经过北京的本初子午线上，由霸河至交河之间的直线距离”，此后又测定了北纬41°～47°间，“每一度的直线距离，从而发现纬度愈高，则经线一度的距离愈长”，这“实际上正是以实地测量证明地球是扁圆形的第一次”。使牛顿的地球椭扁说在中国首次得到证实。这是大地测量史上的一大贡献。

在一系列科学的准备工作之后，在北京附近试测、试验，取得典型经验，从中确实看到新图优越性后，遂下令在全国进行测量和制图。主要技术人员是传教士白晋、雷孝思、杜德美、费稳、麦大成、潘如、奥古斯丁、汤尚贤等；还有汉、满、蒙、藏的何国栋、索柱、白映棠、贡额、那海、李英、照海以及钦天监喇嘛楚儿沁藏布兰木占巴，理藩院主事胜住等大批中国籍测绘人员。从1708年开始，至1718年的10年间基本完成。其范围之广，测绘内容之精详，测绘手段之先进，不仅在中国历史上是空前的，而且是在当时世界上没有任何一个国家完成本国大地测量的情况下，率先进行的，并以此为据绘制成了全国地图。

测量的地区，西北至新疆哈密一带，西南远至四川、贵州、云南、西藏，以及深入恒河河源，并在1717年由中国籍测绘员发现了世界最高峰——珠穆朗玛峰，并在清初的《皇舆图》上，首次标明此峰。这比印度测量局的英国测量员埃非尔士于1852年始测量此峰，早了135年。东北深入黑龙江、辽东一带。东南到了福建、台湾、海南岛。测得经纬点，除西藏另计外，共641个，几乎遍布中国广大疆域之内。测量的方法，采用天文测量和大地三角测量法。当时测定纬度，主要采用太阳正午高弧定纬度

康熙皇帝

法。而北极星定纬度法，由于夜间实测不便和仪器不精，实际采用较少。当时经度测定，主要采用月蚀经度法，即在不同地点观察月蚀的差时，以此推算经度。有时利用月蚀观测困难，“又采用了审慎而周密的三角控制网的测算，测量出一连串三角形，并通过平面三角计算，得各点坐标，用望远镜测定夹角，并先对基线作准确的测量，然后用三角法运算，由近及远，或用已知测绘点反求、复测……使新测地图具有相当的精确度，成为中国地理地图事业的一项基础性工作”。

此后，乾隆二十一年和二十四年（1756 年和 1759 年），又补测了新疆吐鲁番地区及开都河流域以及哈密至巴尔喀什湖以南广大地区。这次测量是以中国籍的测绘人员为技术骨干进行的。

清代中期以前的地图

清初在完成了各地的实测之后，开始着手编制全国地图。康熙五十六年至五十七年（1717—1718 年）制作的“皇舆全览图”后来被雕成铜版和木版两种。此图采用经纬线都为斜交直线的梯形投影法，以经过北京的经线为本初子午线，按 1∶140 万 ~1∶150 万比例尺绘制。图幅的范围包括东北各省、蒙古、关内各省、台湾以及哈密以东地区，即西至西经 40 多度，北至北纬 55 度。全图由 28 幅分图（空缺不计在内）拼接而成。其中，东北地区 5 幅，蒙古 3 幅，关内 15 幅，黄河上游 1 幅，长江上游 1 幅，雅鲁藏布江流域 1 幅，哈密以东 1 幅，高丽（今朝鲜）1 幅。哈密以西及西藏的图还未来得及绘入。

康熙年间绘有两幅西藏地图：第一幅是康熙皇帝命当时驻藏大臣派人于康熙五十年（1711 年）绘制的，可以说这是关于西藏最早的一幅地图；第二幅是楚儿沁藏布兰木占巴和胜住二人根据自己实测和采访的资料于康熙五十六年（1717 年）绘制的。此图在康熙五十八年（1719 年）被绘入铜版的“皇舆全览图”中，从而填补了西藏的空缺。铜版“皇舆全览图”之西藏、蒙古、东北等地用满文注记。公元 1721 年又把“皇舆全览图”刻成木版，同时改用汉字注记。

由 41 块铜版组合而成的“清内府一统舆地秘图”，以通过北京的经线为本初子午线，西到西经 40°，东到大海，南到北纬 18°，北到北纬 61°。纬度每 5°为 1 排，共 8 排，每排又以经度分为若干幅，总计 41 幅。以经纬度分幅

清乾隆二十五年鐫製銅版

清乾隆内府輿圖

民國二十一年一月故宮博物院重印

乾隆内府舆图

来绘制地图的方法这还是第一次。

“皇舆全览图”还有以分省分府分幅绘制的小叶本这一版本。这种“分省分府小叶本，计 227 叶，即图书集成内地图。所载城堡小名，细若牛毛，与大叶本不异，但不著经纬度数及无边外诸图耳”。这个版本可能略晚于前两个版本。北京图书馆藏的分省分府“皇舆全图”以及民国 21 年北平民社影印的《内府地图》即属于这一系统。

“皇舆全览图”是我国第一次采用地图投影的方法，在实测的基础上绘制而成的。图中数理关系表示得比较清晰，内容翔实，达到了较高的科学水平。

珠穆朗玛峰是我国也是世界第一高峰。1717 年楚儿沁藏布兰木占巴和胜住两人测绘的西藏地图，明确标出珠峰位于我国境内。在 1719 年绘制的“皇舆全览图”的第 6 排第 6 号标注了珠穆朗玛的满文名称，这可以说是关于珠穆朗玛最早的文献记载。其他如“三藏分界图”“三藏卡伦图”等图中，也可以看到用满文标名的珠穆朗玛。1717 年福克司编的《康熙时代耶稣会士地图集》第 14 幅“雅鲁藏布江图”上，亦注有“朱母郎马阿林”（“阿林”是满文“山”的意思）。这是珠穆朗玛山最早的汉文译名。1721 年刻成汉字木版和 1733 年被唐维尔译为法文的“皇舆全览图”上，第一次以汉字和法文标出珠穆朗玛。上述几幅地图，对珠穆朗玛附近地区地理情况的了解，和现在掌握的知识没有多大原则差异，这些知识成为在那以后 200 年间关于珠穆朗玛知识的基础。如果说第一次发现珠穆朗玛，并把它绘制在地图上，算是发现者的话，那么，楚儿沁藏布兰木占巴和胜住最有资格荣膺发现者这一光荣称号。

雍正年间对康熙“皇舆全览图”做了修订。第一历史档案馆收藏的印本和手绘本直格 10 排“皇舆全图”是雍正七年刊绘的。

此图的范围虽然比康熙“皇舆全览图”略大一些，实际上内容几乎相同。直格 10 排“皇舆全图”用颜色清绘。经线与纬线直交，故又有“皇舆方格全图”之称。图上的经纬线成了扩大了的“画方”，因此高纬地区的误差较大。

“乾隆内府舆图”（又名“乾隆十三排图”）也是清初地图测绘的重要成果之一。“乾隆内府舆图”是在康熙“皇舆全览图”的基础上，吸收了《西域图志》《钦定皇舆西域图志》等图籍的新成果，于乾隆二十五年（1760 年）至二十七年（1762 年）绘制的。

“乾隆内府舆图”与康熙“皇舆全览图”一样，采用了经纬线直线斜交的梯形投影法绘制而成。图的地理范围西至波罗的海、地中海，北至俄罗斯北海，南至琼海，面积较“皇舆全览图”大一倍以上，可是实际内容所增无几。东北和关内各省的内容与“皇舆全览图”大体相同；新增加的哈密以西部分，凡经实测之处，其内容绘得比较详细，其余大片地区，除有零星的山脉、河流之外，几乎没有实际内容。图中以纬度每隔 5° 为 1 排，共有 13 排，“乾隆十三排图”的名称便是由此而来。北京故宫博物院 1932 年重印的“乾隆内府舆图”即此。图首追

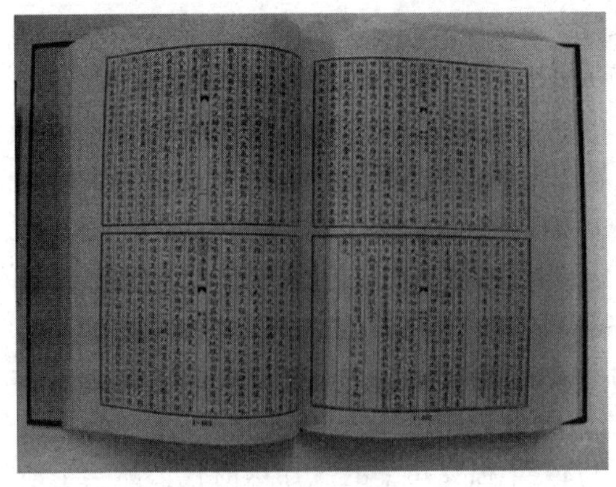

西域图志

录了乾隆皇帝于乾隆二十一年（1756 年）和二十五年（1760 年）先后两次题的诗。“乾隆内府舆图”有几种版本流传于世。仅北京图书馆所藏，除以上两种版本外，还有缩绘本，边疆用满文标注本等。

“乾隆内府舆图”对我国的地图绘制影响较大，成为后世编绘地图的重要依据之一，如李兆洛的《皇朝一统舆地全图》、胡林翼和严树森的《皇朝中外一统舆图》、董方立的《清朝地理图》、邹世诒的《大清一统舆图》都是以它为蓝本而绘制的。

“乾隆内府舆图”和康熙“皇舆全览图”一样，以内容比较详细准确而著称，它为我们留下了不少宝贵的历史地理资料。例如：图上准确地绘出了罗布泊的位置是在北纬 40°40′。可是后来由于风蚀和轮替沉积，使湖泊摆动到北纬 40°以南去了，过去曾一度以为该湖的位置被画错了，现在有资料可以证实“乾隆内府舆图”并没有把湖的位置画错；“乾隆内府舆图”有些海岸线与今不同，山东大清河口的海岸很直，可见现在伸入海中的黄河三角洲大部分是咸丰五年（1855 年）河决铜瓦厢，黄河北徙后冲积而成。

乾隆狩猎图

乾隆年间绘制的大比例尺北京地图也相当详细。此图分幅绘制，并接起来便是一幅北京的城市图。现在日本收藏的没有图名的北京全图，便是乾隆年间绘制的，它与“大清皇城宫殿衙署图”的绘法大致相同，但前者的范围却比后者的大一些。

综上所述，康熙乾隆年间采用近代测绘方法制作的“皇舆全览图”和“乾隆内府舆图”，其精确度之高，图幅范围之广，参加这项工作人数之多，都是史无前例的。康、乾年间在地图测绘方面取得的这些成就，为我国近代地图学的建立和发展奠定了基础。

但是，当时没有百尺竿头更进一步，把我国的地图测绘事业继续推向前进。恰恰相反，当时或者由于没有宣传和推广已经取得的重要成果，鼓励测绘人员继续努力；或者因为对测绘工作的重要性认识不足，满足于取得的成就，没有及时培养更多的人才，继续开展和提高测绘业务，把刚刚蓬勃发展起来的测绘事业，推向前进；或者受一些官方或民间测绘人员中顽固的传统势力的干扰，使测绘事业发展受到影响，因此，测绘事业繁荣发展之后，便开始萧条了。还在乾隆时期就已出现重文字考证，忽视科学的地图测绘方法的偏向，由于没有及时得到纠正，反而随着岁月的流逝日趋严重。后来连官方绘制的《西域图志》竟也不绘经纬线，民间个人编绘的《西藏图考》《西招图略》《卫藏图识》概莫能外，甚至连比例尺也不重视了。清代中期以后，官方再也没有组织人力进行实地测量，新图的制作多以“皇舆全览图”和“乾隆内府舆图”为蓝本，或则增订修饰，或则简缩摹绘，坊间制作的地图多用“计里画方”法绘制，间有以山水画形式绘制的，如此历经100多年，地图测绘水平几乎没有任何起色。

知识链接

晴雨泉井之谜

在我国四川、广西和湖南等地，有一些非常奇怪的泉和井。因为它们水的颜色能够准确预示当地天气的变化。例如，四川省古蔺县向顶乡境内，有一个泉坐落在石灰岩层中。泉水在出露处低洼中形成一个天蓝色水塘，每当天气由晴转雨前水色变黑，由雨转晴前水色变为淡黄。在天气变化一天之后，水又恢复成天蓝色。通过常年观察发现，如果塘水呈五颜六色，第

二年一定会风调雨顺。另外，在重庆市温泉公园中有一个水池，它是由冷矿泉水形成的。如果泉水池中的水清澈透明，说明天气将转晴。如果池中的水变得较为浑浊，而且冒很多气泡的话，表明将有大雨或暴雨。事实证明，这种预示是非常准确的。而在广西灵川县海洋乡苏家村边也有这样一个泉。如果泉水较为清澈，天气较为晴朗，短时间内是不会下雨的，如果泉涌出乳白色的水时，三天之内就会下雨。另外，泉涌的浑水量大小预示雨的大小。在下雨的过程中，如果泉水开始变清，说明天气就将转晴。因此当地的很多人都会根据泉水的变化来了解天气的变化，它甚至比当地的天气预报都准。

广西贵县庆丰乡新墟东侧有个泉水形成的池塘。在池塘底部有数个日流量约三万吨的泉眼。池水较为清澈，而且全年都是满着的。令人感到奇怪的是，每当大雨来临前的十二个小时，池塘中的水就会变成淡红色。根据测定发现，池水中含有锶、氡等二十多种微量元素。至于池水为什么在大雨之前会变成淡红色，仍然是个谜。

洞穴中的石花在我国南北方都有分布。其实最好的还是北京房山银狐洞，也称石花洞。在1991年7月1日，在北京房山区佛子庄乡下英水村采煤掘进岩石巷道时，正好碰到溶洞，也就是现在可以为众人所参观的银狐洞。该洞深入地下100多米，有主洞、支洞、水洞、旱洞、季节河、地下河，洞连洞和洞套洞，它们纵横交错，上下贯通。通过不断研究，中国科学院地质研究所的专家学者一致认为，这是我国北方最好的溶洞。

在银狐洞内，不仅能够看到一般洞穴中看到的卷曲石、壁流石、石珍珠、石葡萄、石瀑布、石枝、石花、石蘑、石幔、石盾、石旗、穴珠、鹅管等，而且还能看到其他洞穴中可能没有的云盆、石钟、大型边槽石坝、仙田晶花、方解石晶体。更令人感到诧异的是，洞穴内石花的数量是非常多的，而且形状千奇百怪。洞顶、洞壁以及支洞深处的仙田里多为菊花状、松柏枝叶态、刺猬样的石花。究竟为什么这个洞中有如此多的石花，根本无人能够解释。当你在小洞口中钻行的时候，需要沿狭窄的洞壁前行十来米才能达到三叉支洞的交会处。在这里，更多的是石菊花，洞底有个一米高的石台，一个长近两米，形似雪豹头银狐身的大型晶体，从洞顶垂到洞底，通体都晶莹透明，并且布满丝绒状的毛刺，其毛刺长短不等。石花的这种形态和颜色，在此之前，洞穴专家是根本没有见到过的，在世界上是首次发现。关于“银狐”的成因，众说纷纭。以北京市地矿局董新菊为首的一部分工程师认为，“银狐”是由于雾喷而后凝聚形成的；以国际洞穴联合会副秘书长张寿越为首的中国科学院地质研究所一部分专家教授们则认为，丝绒般的毛状晶体是含有这种物质的水，从内部通过毛细现象渗透到外部而形成的。总的来看，前者坚持外部成因论，而后者持内部成因论，究竟谁的说法是正确的，还是另有他因，到现在为止，仍然没有一个定论。曾经有一位颇有名气的气功师光临银狐洞，而且还对其进行了发功测试，其测试的结果就是这个地方的“磁场”异常强，远远超出其他地方。如果气功师所说的令人相信，那么也就表明“银狐”以及洞内石花等溶蚀物可能都是强磁场所“造化”。当然，具体情况是怎样的，还需要科学家继续探索。

第七章

中国古代地理之谜

作为孕育世界上唯一传承至今的古文明的中国，则因其地域之广袤、地貌之丰富、文化之博大，使其未知的自然之谜有增有减，自然界种种神奇诡异、难解难分的现象依然困惑着我们。因此，目前人类的科技水平在神奇博大的自然和浩瀚的宇宙面前，仍显得苍白无力。许多难解之谜，许多奇怪的现象，仍在我们的知识之外，视野之外，能力之外。面对困扰人们的未解之谜，我们唯有努力去探索！

第一节 神秘的沙漠和湖泊

原始村落之谜

于田县是汉代扜弥国所在地，同时也是古代丝绸之路的要道。张骞在第一次出使西域的时候，在返回之时途经昆仑山北麓而到过这个地方。从于田县越过克里雅河，就是塔克拉玛干大沙漠深处的“原始村落”大河沿村。正是因为具有神秘性，所以存在着各种传闻。据说大沙漠中有一个与世隔绝的小村落，那里的人们过着世外桃源的生活。居民以捕鱼为生，村民集体狩猎，而且鸟兽成群。人人都是宽衣广袖，开口就能唱，总之生活怡然自得。这个村子叫达里亚博依村，用汉语来说就是大河沿村。究竟“原始村落”的人们过着一种怎样的生活呢？真的如传说中的那样悠闲自在吗？相信有不少人想知道。

从于田县沿克里雅河往北走，在塔克拉玛干深处茂密的胡杨林带，居住着很多维吾尔族人。这个村庄属于田县加依乡管辖，距于田县城大约有 300 多千米，而且周围都是沙丘，也很少有人能到这个地方来。居民的粮食和日用品都是靠骆驼、毛驴运输。有资料显示，骆驼从县城到大河沿村要走 8 天，如果是要到最边远的人家，则需要走 400 多千米曲曲折折的沙丘路。生活在这里的居民较为分散，而相隔距离也较远，只是村委会周围的几家人相隔较近。他们是具有独特方言和生活习惯的克里雅人，与外界联系甚少。

如果沿着克里雅河东岸大道继续走，向下游走到 135 千米的地方就没有了路。在河岸东边郁郁葱葱生长着胡杨林，而林中则分布着一建筑群落，是艾沙克玛札。到了克里雅河下游末端，如果继续沿着洪水漫溢过的新旧河床

走，就到了克里雅人生活的一望无边的胡杨树林带。因为受到各方面的限制，长久以来，这里的人们都在保持着自己的生活习惯。

根据相关史料，我们可以得知：在1896年1月，斯文·赫定曾闯进这个人迹罕至的大河沿村。斯文·赫定是沿着古木参天的河岸，一直走到克里雅河的尽头。在这里，他不仅看到了奔跑的野骆驼，而且此地也是野猪的乐园。据说当时有158名牧人在这里放牧，斯文·赫定断定这些人“各自都不相往来，政府的权力也达不到他们。他们生活在一个和外界不相通的沙漠小岛上，成为半野人”。

在1959年被政府发现之前，这里的人仍然过着与世隔绝的桃花源式生活。这个村以克里雅河床为界，分为两个部落，即卡鲁克和加依，他们世世代代以牧猎为生，从来不种植庄稼，更不知瓜果为何物。

现如今，汽车已经能够开进这片茂密的丛林。现代化设备已经融进他们古老的生活。但是他们仍然过着俭朴好客的生活，无论是谁拜访他们，他们都会拿出家中仅有的食物来款待客人。他们主要吃羊肉和面饼。他们的面饼特别大，如同锅盖。这种面饼用面粉或玉米面做成，不需要发酵，而是直接在木炭火中烤熟，只要拍去上面的灰尘就可以食用了。在吃羊肉的时候，他们或者是用木炭火烤全羊，或用红柳枝为扦烤羊肉串，风味独特。就饮水方面来说，只有在洪水季节，他们才能喝到河里的甜水，其余时间都是饮用咸苦的渗坑水。大河沿人居住的房屋特别，以圆木排列成墙，上盖房顶，好像是木笼。通常来说，每户人家都有这么两三处大木笼房子，但没有院墙隔离。因为这里根本没有任何犯罪活动，生活特别安逸。政府希望他们能够到农村去，但是他们拒绝了，因为他们已经习惯了这种无拘无束的生活。虽然与外界没有多少联系，但是他们之间来往较为密切。每个星期的主玛日，人们就会从睡梦中爬起来，然后从各个地方集中到铁里木这个居民较多的地方。因为这里有清真寺、代销店和乡政府的各种机构，所以相对来说人员较多。这里基本上没有贫富差别，只是保留着按个人贡献大小分配食物的古老习惯。其中，村落首长和有突出贡献的人能够得到些许优待，在分配食物的时候能够分到大块馕和羊腿肉。就其收入来源来说，主要是靠放牧的羊只，还有马、驴、骆驼。除此之外，他们还会到沙漠边缘挖大芸，然后拿着这种药材到代销店和私商手中换取商品。可见，这里仍然处于物物交换的时代。

“文革”时期，克里雅河被彻底遗忘了。对于外界所发生的一切事情，他

们都无从得知。虽然远离了人类文明，但是能够避免很多灾祸。据报道，这种状况一直持续到1989年9月。那时，克里雅村落发生了一件大事情，那就是新疆维吾尔自治区的主席前来看望他们。他来到这里，对村民们嘘寒问暖，而且还给他们送去了各种生活用品，于是当即决定成立于田县乡政府，而且建立一所寄宿学校，培训医护人员和兽医，解决用电用水等问题，开办邮政所和信用社，从此，这里渐渐摆脱了封闭落后的面貌。这些年来，有很多中外人士都选择到克里雅河尽头的村落进行考察，使这个封闭的沙漠村落的居民成了新闻人物。然而，在这个过程中也出现了很多贵族化的猎奇行为，所传递出的多是富人雅士的消闲资料，其报道缺乏真实性。而对于此地的贫穷落后，这些远道而来的人却漠不关心，甚至以欣赏的态度加以美化。当面对现代文明侵扰的时候，这座“原始村落”能够保存自己原有的单纯吗？

罗布泊之谜

罗布泊位于新疆塔里木盆地东部，它带有很大的神秘性。近百年来，有关罗布泊是否是游移湖的论争还在继续。

因为罗布泊所在的地区的气候环境为酷热、干旱、风沙、雅丹（陡崖）、盐壳，这导致很多人难以靠近。多年来，这条路一直被称为“死亡之路”。历史上曾经有不少中外学者企图冲破层层阻碍穿越大沙漠，实现对罗布泊的考查，但是没有多少人真正取得了成功。即使是有几个人成功了，但也导致了关于罗布泊位置的分歧。

俄国探险家H. M. 普尔热瓦尔斯基是最先引起罗布泊是游移湖争论的人。在1876年，他曾到罗布泊考察。他发现罗布泊位于塔里木河口的喀拉和顺境内，其比我国地图所记的位置还要往南。另外，他所看到的湖泊是淡水湖，而且芦苇丛生，聚集着成千上万的鸟类。但是北罗布泊的水都已干涸，变成盐碱滩，十分荒凉。

在普尔热瓦尔斯基发表了自己观点之后，瞬间引起了国际地学界的争论。

针对普尔热瓦尔斯基的观点，德国的李希霍芬持反对意见，他认为普尔热瓦尔斯基所考察的或许并不是中国清朝地图上的罗布泊，其实真正的罗布泊是在普氏考察的北部。

而随后的很多学者也进行了考察，如英国的斯坦因、瑞典的斯文赫定等

罗布泊

先后到罗布泊地区考察，他们认为争论的双方都没错，因为罗布泊发生了游移，移到喀拉和顺去了。从此之后，罗布泊是游移湖的说法就产生了。除此之外，斯文赫定还推测了罗布泊游移的原因，即进入湖中的塔里木河携带了太多的泥沙，然后沉积在湖盆里，使湖底抬高，导致湖水往较低的地方流动。等一段时间之后，被泥沙抬高露出的湖底又遭受风的吹蚀而降低，此时，湖水又回到原来的湖盆中，如同钟摆一样，南北游移不定。

在 1923 年，被普尔热瓦尔斯基和斯文赫定所发现的罗布泊突然消失变成了沙漠，鸟儿不复存在，芦苇也消失了。而那些以打鱼为生的居民也离开这里，迁往原地。原来，罗布泊又戏剧性地回到了它以前呆过的老地方，也就是古代地图上所标的那个位置。

在 1930 年和 1931 年，瑞典、中国勘察队来到中国地图所标的罗布泊。勘察队发现那里水面长约 188 千米，宽 50 千米，深 5 米，大约有 2000 平方千米。在 1945 年，罗布泊水面又扩展为 3000 平方千米。在 1959 年，中国科学院新疆综合考察队在罗布泊北岸考察的时候，罗布泊又是一片生机勃勃的景象。

但在1964年，罗布泊开始干涸。1973年，在美国大地卫星对该地区拍照的过程中，证实罗布泊已完全干涸。

但是在我国地质工作者看来，导致罗布泊干涸的原因是人类不合理的经济活动，即河流上游的农垦，引水灌溉，才导致了罗布泊水源枯竭。并不是其他国家学者所说的罗布泊游移他处。

在1980年，我国的科学考察队又两度穿越罗布泊，详细考察那里的地貌和古水系。考察队队长夏训诚在考察报告中写道："罗布泊最低处为778米，喀拉和顺最低处为788米，相差10米，水往低处流。因此不可能发生罗布泊倒流喀拉和顺的现象。塔里木河和孔雀河下游入湖口处，河流包含泥沙较少，在短时期内不会出现大量泥沙堆积，抬高湖底地形，而使水往较低地方流去。在这次考察中，我们看到，干涸的湖底都是坚硬的盐壳，用钢锤都很难敲碎，所以不容易产生风的吹蚀作用，而使湖底重新降低。我们还在干涸的罗布泊湖盆中，进行钻探取样，这些样品通过孢粉和年代测定表明，湖底沉积物不同层次都有香蒲、莎草等水生植物孢粉的分布，说明历史时期罗布泊一直是有水停积的，湖水从未离开过罗布泊。根据碳14年代测定结果，湖底沉积物1.5米深处，为3600年左右的沉积。说明3600年以来，湖泊的沉积作用一直在进行着，而不像斯文赫定推测的1500年左右就会形成10米以上的沉积物。实地考察测量和现代航测资料证明，罗布泊是游移湖的提法是不符合实际情况的，罗布泊水体从未发生倒流入喀拉和顺的现象。"

以上的考察，使我们初步了解了罗布泊的奥秘，但还不能说已经完全找到了答案，如果再进一步追溯塔里木河与罗布泊的景观变化，就需要我们做更细致的科学研究。

神奇的高原圣湖之谜

青海湖，古称"西海"，藏语叫"错温波"，意为"蓝色的海洋"，从北魏起才更名为"青海"，青海省因该湖而得名。

大约在2000多万年前，青藏高原还是一片汪洋大海。后来因为地壳运动的作用，海底逐渐隆起，最后成为陆地。因为断层陷落，青海湖地区逐渐成为一个巨大的外泻湖，湖水从东西口泻入黄河。到第四纪造山运动时，青海湖东面的日月山异峰突起，泻水口遭到了封闭，所以青海湖逐渐成为内陆湖。

因为各河流流入青海湖中的水被盐化，所以称为咸水湖。古青海湖的面积是非常大的，只是因为当地的气候较为干燥，湖面逐渐萎缩，最终成为现在这个样子。

青海湖是我国最大的内陆湖

青海湖被群山环绕，北有崇峻壮观的大通山，东有巍峨雄伟的日月山，南有逶迤绵延的青海南山，西有峥嵘的橡皮山。青海湖距离西宁大约 200 千米，其海拔为3200 米。它的周长360 千米，面积4583 平方千米，是我国最大的咸水湖。在青海湖区大约有 30 条大小河。湖东岸有两个子湖：一个是面积 10 余平方千米的尕海，是咸水；另一个是面积 4 平方千米的耳海，是淡水。如果在青海湖畔进行眺望就会发现群山特别苍翠，山顶有皑皑白雪，湖光十色，非常美丽。而湖滨则一望无际，地势开阔平坦，水源较为充足，气候温和，适合发展畜牧业。在夏秋之际，碧草连连，金黄色的油菜花让这里充满了生机和活力。如此美的情景真是令人流连忘返。

在湖的西北部有非常著名的鸟岛，其景观非常诱人。鸟岛面积仅 0.8 平方千米，观光鸟儿王国盛况的最好时期就是每年的五六月份。此时，来自我国南北和东南亚等地的斑头雁、棕头鸥、鱼鸥、赤麻鸭、鸬鹚和黑颈鹤等 10 多种候鸟，都会成群结队返回故乡，营巢产卵，孵幼育雏。当你来到这里的时候，就会发现鸟岛上的鸟有的在蓝天白云间飞翔，有的在波涛中嬉戏，有的栖息在鸟巢中……总之，是一片赏心悦目的景象。

青海湖另一著名岛屿是海心山，它位于湖中心偏南，长 2.3 千米，宽约 800 米，比湖面高七八米。自古以来，这里就以盛产“龙驹”而闻名，而且又是佛教重地，所以较为神圣。这里环境优美，风景怡人。古刹白塔坐落在山南石崖前，石洞内外有数间经堂、殿宇、僧舍，而其法器、壁画、白塔、俄博的数量也是非常多的。堂前壁上有多座彩色佛像和生动的故事绘画。相传有很多名僧曾经在这里修炼仙丹。如果登上海心山，你就能够俯瞰青海湖的全貌，此时，青海湖的美景都能尽收眼底。

知识链接

地震的成因

地震就是地动，是地球表面的振动。引起地球表面振动的原因很多，可以是人为的原因，如核爆炸、开炮、机械振动等；同样也可以是自然界的原因，如构造地震、火山地震、塌落地震等。

按照地震的不同成因，我们可以把地震划分为五类：

1. 构造地震

地下岩层受地应力的作用是构造地震发生的原因。因为所承受的压力非常大，在岩层无法再承受的时候就会发生突然、快速破裂或错动，而岩层破裂或错动时会激发出一种向四周传播的地震波，当地震波传到地表时，就会引起地面的震动。这就是地震。世界上大部分的地震以及所有造成重大灾害的地震都属于构造地震。

2. 火山地震

由于火山爆发引起的地震。

3. 水库地震

由于水库蓄水、放水引起库区发生地震。

4. 陷落地震

由于地层陷落引起的地震。

5. 人工地震

由于核爆炸、开炮等人为活动引起的地震。

第二节 中国古代地理遗址

湮没的巴人王朝

提起“巴人”也许会让人感到陌生，但只要想起四川一带的“巴蜀”和“阳春白雪，下里巴人”这一著名典故，可能头脑中会有这样一种朦胧印象——巴人不就是居住在我国西南的古老民族吗？是不是喜欢浑身涂上油彩，头戴羽毛，跳奇怪舞蹈？也许你还会有落后、蛮荒的感觉。其实这种印象是不完全对的，神秘的巴人早在公元前十几世纪就有可以与中原强大的商王朝相媲美的青铜文明。巴人祖先和黄帝是同一支，还是独立地创造长江文明的源头。曾经极其辉煌的巴国社会生活状态怎么样，最终又为何湮没？对此人们有不同的猜测。

巴人起源于湖北清江下游长阳的武落钟离山。为夺取盐业资源，巴人曾经与以盐水神女为代表的某个母系民族展开争战，而且在争战中获胜。这是巴人与盐的第一次结合。随后，“巴盐”与“盐巴”在三峡一带上演了一场横贯数千年的大剧。巴人领袖廪君战胜盐水神女后，在清江边建筑夷城，建立了巴王国。这是巴人建立的第一个王国，而且实行奴隶制。巴人的图腾是虎，好鬼神，实行祖先崇拜，在他们看来，最伟大的祖先就是廪君。随后，巴国的军队参加了周武王伐纣的联盟军，戴着百兽面具，跳着“巴渝舞”冲锋陷阵，最终打败了殷商军队。在战争结束之后，巴人受封子国。这就是《华阳国志》中所称的“巴子”“巴子国”。在此之后，巴国在楚国和秦国两大强国的夹缝中艰难求存，最终被秦国所灭亡。

关于巴国文明，有人将其称为与黄河文明并列的长江文明的源头。在湖

巴国城

北境内，巴人有着较为漫长的生活轨迹。它逐渐从自由原始氏族形成多个部落，后来组成5个核心部落“巴、樊、覃、相、郑”。在很长一段时间内，他们和平共处，没有等级之分。随着各部落的不断壮大，开始需要有一个君主来统领部落联盟，即“乃共掷剑于石穴，约能中者，奉以为君”。最终胜出的是廪君，所以他就成为巴人领袖。因为各部落较为团结，所以部落联盟变得越来越强大。后来，部落迁入四川，在险山恶水中，独自产生了高度的物质文明和精神文化。到目前为止，已经被发现的巴人文物中，就有着被专家们称为“巴蜀图语”的刻画符号，无论是动植物还是人，其形象都特别奇怪。这些古怪的印痕究竟是发源于巴人原始的艺术灵性，还是大自然神秘莫测的烙印，我们无从得知。不过可以肯定这是巴人的精神文化创造，是否是早期的文字呢？史学界一度曾认为巴国只是个好斗的邦国，但却发掘出了“礼乐”用的编钟，显示了巴国具有完整的礼乐制度，而且采用高超的饰金银工艺。在出土的文物中还有造型奇异的随葬兵器，柳叶型的青铜剑，荷包型的青铜钺。巴国还有独特的生活方式、风俗，如至今让人迷惑不解的“船葬”和“悬棺”。巴人确实创造了高度发达的文化，虽然最后被秦所灭，但早在灭亡的8个世纪前就与西周并流，共同汇入华夏文明的发展轨道。

有些人则持有不同的观点，他们认为巴人在廪君一统部落前就与中原黄帝有着非常密切的关系。在他们看来，巴人与中原华夏属同一来源，甚至还认为是黄帝所统率众多部落中的一支。另外，据说，与巴人并称的蜀国和“夏”同出于黄帝之孙颛顼。通过观察发现，巴国出土的大量精美青铜与有着千里之遥，被“蜀道难，难以上青天”的高山深谷相隔绝的殷商青铜器样式完全相同。所以，巴国的文化并不是独立存在的，而是与中原文明同源。当然，巴人与周代的关系已经非常明确了，但是究竟是否与黄帝、夏、商有关系，我们无从得知。另外，关于巴国的另一个谜团就是为什么巴人突然消失了。这在历史上无法考证。

有人说，巴国被秦军灭后，巴人全部被坑杀了。当然，这种说法的依据或许就是秦军的残暴和坑杀赵军20万之说。

还有的人说，巴国人在被灭国之后，除了死者和伤者之外，生者都大规模迁移了。最近陕西商洛地区考古专家在探寻商洛900多个神秘洞窟起源时，又有了失踪巴人的惊人发现。据了解，商洛发现的神秘洞窟都是面山、临水，因此在进洞的时候都需要穿越湍急的河流。洞内呈长方形，四壁平整，有着非常明显的人工开凿痕迹。就目前我们所了解的巴人生活习性，可以明白，神秘洞窟本身就与巴人在川的生活非常相似。而且也发现了船棺葬的残存物和相继出土的巴人文物。这些文物与三峡地区出土的巴人文物几乎同出一辙，其器具上的符号也惊人地一致。于是有人产生了一个大胆的猜想：一度失踪的巴人是否像陶渊明《桃花源》所描述的那样，为躲避战乱而隐居起来？神秘洞窟莫非是已经消失了的古代巴人的桃花源？

第三种说法是巴人并没有失踪，还生活在本土。他们是土家族人的祖先。从20世纪90年代中期开始，专家们利用DNA遗传技术试图分析古代巴人和今天土家族的关系，曾经多次对土家族人的血液与悬崖峭壁上的骨骸进行基因对比实验。另外，通过考察土家族的生活方式、习俗，发现其与遥远的巴人的确很相似。但这种说法仍然没有得到公开承认。

奇异的巴人王朝曾有过血与火的历史，在史书记载上无一不是与战争相关联的，这是个伟大的王国，还存在着太多的谜没有解开，只是我们暂时无法进一步窥探他们的奋斗历程。

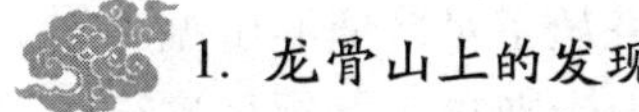

北京人遗址

“北京人”遗址位于北京市西南约48千米的房山区周口店村龙骨山北部，它是现今世界上发掘出遗迹遗物最多、论证最为系统的旧石器时代早期的人类遗址，具有极为重要的研究价值。

1. 龙骨山上的发现

早在北宋时期的文献上，就曾有北京周口店附近出产“龙骨”的记载。古人所谓的“龙骨”，其实只是原始生物的骨骼化石。据说将“龙骨”研磨成粉后敷在伤口上，可以止痛并能使其快速愈合，因此这座盛产龙骨的山就

北京人生活图

被称为“龙骨山”。

龙骨山处于山地和平原的过渡地带，其西北为西山，东南是华北平原，山脚下还有溪水缓缓流过，不仅环境优美，而且气候宜人。因为在周口店附近有很多石灰岩地带，所以在水力作用下，山体上会有很多的洞穴形成。“北京人”遗址就是在这里的一个洞穴中被发现的。这个天然洞穴东西长约 140 米、南北宽 2.5 米至 42 米不等，在这里发现了第一枚“北京人”牙齿化石，所以考古学家把这里称为“周口店第一地点”。

从 1918 年开始，对周口店猿人遗址进行发掘，其中最早的遗址是由瑞典地质学家安特生发现的。正是在他的带领下，人们开始了对遗址的试掘工作。周口店遗址的正式发掘工作则是在 1927 年由加拿大学者步达生领导进行的。在这次挖掘中，步达生在遗址外发现了 3 枚人类牙齿化石，并且正式将这种新发现的古人类命名为“中国猿人北京种”，简称“北京人”。

在 1929 年 12 月 2 日，第一具完整的“北京人”头盖骨化石出土。这次

发掘活动是由中国古生物学家、史前考古学家裴文中主持的。除了发现头盖骨化石之外，还出土了部分有人工痕迹的石器工具，最重要的是发现了用火的遗迹。在1929年12月6日，裴文中把头盖骨包裹好，然后亲自把这批珍贵化石护送到北京。

在1936年11月，曾经发现第一具“北京人”头盖骨的地方又有了新的发现。当时只有28岁的中国地质调查所普通练习员贾兰坡在11天内陆续发现了三具完整的“北京人”头盖骨，这完全震惊了国际学术界。后来考古工作者又在周口店洞穴遗址中发现了一具完整头盖骨和一具比较完整的头盖骨，以及大量动物化石残片、打制石器和灰烬……

2. 在战争中离奇失踪

1937年7月7日发生了卢沟桥事变，导致华北局势特别紧张，周口店的挖掘工作也被迫中断，当时已经发掘出的化石被迅速转移到了美国人创办的北平协和医院内。随后不久，抗日战争全面爆发。到了1941年，日美关系也开始紧张起来，北平协和医院随时都可能被日本人炸毁。所以，有关人员便商议着要把这些化石转移到更加安全的地方。

在如此危急关头，重庆中央国民政府提出了三种处理方案：一是把“北京人”化石运往当时抗战的大后方重庆加以妥善保存，然而由于当时日本军队已经占领了华北地区，所以将化石安全送往重庆的可能性是非常小的；二是在北平城内秘密掩埋，当然，这种方式也是非常危险的，无法保证化石的绝对安全；三是将其运往美国暂时保存。如果对各方面进行综合考虑的话，最可行的就是第三种方案。

所以，当时身在重庆的中央地质调查所副所长尹赞勋立即给远在北平的裴文中写信，信中说明了中国局势的危急状况，以及中央政府对“北京人”头盖骨化石命运的担忧，所以建议将化石全部交与美国友人带到美国自然历史博物馆中保存。

随后，国民政府委派时任中央行政秘书长的翁文灏，开始积极与协和医院院长胡顿协调运送“北京人”化石的事情。翁文灏还专门给当时的美国驻华大使詹森写了一封信，信中表示了中方希望将头盖骨化石交由美国代为保管的意愿。但是因为当时周口店遗址的发掘工作是在美国洛克菲勒基金会的资助下开展的，而且当时所达成的协议是将所有出土的遗物都放在中国本土

保存，所以美国方面只好拒绝了中国政府的这项请求。

最终在中国有关人员的努力下，在 1941 年 11 月，美国终于同意中国把这批化石暂存美国，并决定由美国驻华领事馆来制定运输方案，而护送军队则是美国海军陆战队。美国驻华领事馆的想法是先将化石用专列由北平运至秦皇岛，然后再由美国的“哈德逊总统”号邮轮运至美国。但谁都没有想到的是，因为比原计划晚了一两天的时间，之前所做的努力全都白费了。

本来，“哈德逊总统”号原定于 1941 年 12 月 8 日启程回国。但就是在这前一天，也就是 12 月 7 日凌晨，日本偷袭了美国珍珠港的海军基地，导致太平洋战争的爆发。为了能够更好地配合日本海军的行动，驻扎在我国秦皇岛山海关一带的日军扣押了美国在秦皇岛霍尔姆斯兵营内的全部人员及物资，其中就有“北京人”化石。

当时的情形，据当时负责运送化石的美国医生威廉·弗利回忆：“12 月 8 日，我被日本部队逮捕……但我打开属于我自己的衣箱时，惊异地发现几个用于解剖的头骨和一尊佛像已经不翼而飞。”这是关于“北京人”头盖骨化石的最后一点记录。直到现在，“北京人”化石仍然是不知所踪。

在中华人民共和国成立之后，新中国政府正式重新启动周口店“北京人”遗址的发掘工作。随后，考古工作者又陆续发现了很多遗迹，如“北京人”下颌骨、牙齿化石和大量石器、骨器以及用火遗迹，但是并没有头盖骨的新化石。通过对这些遗迹及实物遗存进行研究发现：“北京人”生活在距今大约 20 万至 70 万年之间，其头部特征较为原始，平均脑容量达 1088 毫升，属蒙古人种；男性平均身高约为 156 厘米，女性平均身高约为 150 厘米；他们生活在天然洞穴中，其食物主要是依靠狩猎和采集获得的，而且已经掌握了火种的使用方法。

铜绿山矿冶遗址

在古代，中国的很多矿业技术都是遥遥领先的。当然，这在明代科学家宋应星的《天工开物》中都得到了较为系统的记载。但是，因为这本书都是作者的个人见解和经历，所以其中所涉及的内容都比较简略，无法全面反映我国古代在矿冶技术上的成就。事实上，我国古代的矿冶技术发达程度远远超出了我们现代人的想象。近些年来的一些考古发掘就足以证明了这些。

在湖北的铜绿山上，人们发现了一处2000年前的古铜矿遗址。而这个时期也就是我国历史上的春秋末期至战国初期。关于铜绿山，根据《大冶县志》的记载，“山顶高平，巨石对峙，每骤雨过时，有铜绿如雪花小豆点缀土石上，故名。”因为其地貌较为独特，而且还盛开着莹蓝色铜墙铁壁草，所以有很多矿工都不约而同地来到这里开发铜矿资源。到目前为止，已经发掘的古铜矿中生产时间最长、规模最大的一个遗址就是铜绿山古铜矿遗址。

在这个遗址中，考古工作者发掘出大量遗迹，如用来支护井壁的圆木，采矿用的铜斧、铜锛、铜凿、木槌、木铲、铁锤、铁锄以及运载工具藤篓、木钩、麻绳……除此之外，还发现了很多生活用具，如陶、罐……考古工作者们在距离开采地不远的东北坡发现了古代炼铜遗址。其中有史料记载：“共发掘出了外形、结构基本相同的炼铜炉九座，炼铜炉上还设有炉基、炉缸和工作台。炉基用沙石、黏土等细细夯筑而成，台基内还设有风沟；炉缸在发掘出来的时候已经残破不堪，据鉴定，为高岭土等耐火材料筑成；而炉身经历千年都已坍塌；工作台用黏土、矿石垒筑在炉侧，台面高于炉缸底部。”在这些炼铜炉中残留着一些炉渣，而附近的渣坑中的炉渣堆积非常高。据有关专家粗略估计，此矿区遗存的炉渣至少在40万吨。对这些炉渣的含铜量进行测验，其结果更是让专家们大跌眼镜。因为在三号炉西侧发掘出的粗铜其含铜量为93%以上，而炉渣的含铜量仅为0.7%。而对大冶湖边出土的铜锭进行铜含量测定，竟然是91.86%。可见，在那个时期，中国的提炼铜技术已经有了很高的发展水平。

这足以说明了我国古代劳动人民对金属的认识历史悠久。而事实正是如此。古代奇书《山海经》曾经对战国以前矿业开发的情况进行了详细记载。在春秋战国时期则得到了进一步发展，规模逐步扩大，如《管子·地数》记载道：“凡天下名山五千二百七十二，出铜之山四百六十七山。”可见，中国冶矿业发展速度是非常快的。

到目前为止，我国发现的年代最早的采矿遗址是江西瑞昌铜岭古铜矿遗址。在此之前，人们一直认为直到西周晚期才出现了冶铜业，而瑞昌古铜矿遗址的发现则推翻了这种认识，将我国采铜历史又往前推进了数百年。

根据相关资料，我们可以得知，瑞昌古铜矿遗址面积约1平方千米，采矿区约有20多立方米。发掘出很多的遗迹，如竖井53口，平巷6条，斜巷3条，露采坑一处，木溜槽1处……因为其开采时间较长，所以经历时期较多。

最令人感到庆幸的是其地层叠压关系清晰，而出土的遗物也比较多。在测定一件木制滑车时发现它是商代中期的遗物，这样就证明了早在商代时期，我国已经有了较发达的采矿业。与此同时，遗物中还有“陶制的鬲、罐、豆、盆、纺轮等；木制的滑车、锨、铲、水槽、瓢等；竹制的筐、盘、签等；铜制的斧、凿、锛等”。

另外，我国冶炼技术历史的改写还得益于出土的木溜槽。这个木溜槽长3.5米。根据有关专家鉴定，发现它是分节水冲法选矿用的一种原始装置。人们一直以为这种分节水冲法产生于宋代，但是瑞昌铜岭选矿槽的发现，把我国的这种选矿技术往前推了2000年。

按照现在我国考古学发现，最早在商代就已经出现了铜的开采与冶炼技术。日后是否会有新的证据来推翻这个结论是不能下定论的，因为考古本身就带有很大的随机性。

当然，具体我国人工冶铁开始于什么时候？也没有准确的答案。地质学家章鸿钊认为我国人工冶铁开始于春秋战国之间；而历史学家范文澜认为东周时期已经有了铁器，而且从古体铁字的一种写法可以猜到最早掌握了炼铁技术的是东方的夷族；另一历史学家李亚农则认为早在西周就已经有铁器了，而郭沫若先生也赞成这种观点。在这里需要特别说明的是，在北京周口店龙骨山山顶洞人的遗迹中，考古工作者发现了很多串最原始的项链，这些项链都是用红线把一颗颗青鱼上眼骨穿起来制成的。更让人感到奇怪的是，之所以是红线是因为线是用赤铁矿粉染成的。在十多万年前，人们已经懂得利用金属铁锈做“染料”，这究竟是巧合还是真的已经掌握了这种技术，还是一个谜。如果想要探究人类掌握冶炼技术的年代，那更有困难。据说，在苏联的瓦什卡河岸上发现了一块稀有金属的人造合金，其制造年代为距今10万年。另外，考古学家在秘鲁高原还发现了一件铂制装饰品。需要特别说明的是，熔化铂必须要有1800℃的高温熔炉。

敦煌藏经洞

敦煌藏经洞文献和文物有着无与伦比的价值，被中国学术界称为“古代学术的海洋”。敦煌藏经洞文献和文物与商周甲骨文，战国、秦、汉、魏、晋简牍及明清满文旧档，并列为我国近代学术史上的四大发现，同时也被国际

学术界称为20世纪最伟大的文化发现。虽然敦煌学从无到有经历了很短的时间，但是已经成为一门显学，包括12个分支学科，即敦煌史地、敦煌考古、敦煌宗教、敦煌文学、敦煌艺术、敦煌文化、敦煌民俗、敦煌语言文字、敦煌文献、敦煌古代科技、敦煌文物科学保护和敦煌学理论。虽然敦煌学的材料和它的研究对象不仅仅是藏经洞所出藏品，但是随着藏经洞藏品的大量出世，产生敦煌学毋庸置疑。

1. 盛极一时的敦煌石窟

敦煌，位于甘肃、青海、新疆三省的交汇点，在中国西北甘肃省河西走廊的西端，人口仅10余万。其南依气势磅礴的祁连山，西接广袤的塔克拉玛干沙漠，北达蜿蜒起伏的北塞山，东临危岩耸立的三危山，是一个高山和沙漠、戈壁环绕的小绿洲。震惊中外的敦煌藏经洞即发现于此地。

东晋十六国时期，李暠据敦煌称王，建立西凉国，敦煌有史以来第一次成为国都。前凉、西凉、北凉三政权时河西地区社会安定，经济繁荣，文化昌盛。凉州已成为中国西部的文化中心，而敦煌又是凉州文化的中心。

汉魏以来从南亚传入的佛教在敦煌空前兴盛。汉地佛教是经克什米尔，越葱岭，沿天山山脉南北两路到达阳关和玉门关而传入我国的，敦煌是佛教东传的通道和门户，因其得天独厚的地利成为河西地区的佛教中心。有一大批佛学高僧曾在敦煌讲经说法，法显、鸠摩罗什等佛学大师无论东进还是西去都在敦煌留下了他们的足迹。前秦建元二年（366年），乐僔和尚在三危山下的大泉河谷首开石窟供佛，莫高窟从此诞生了。

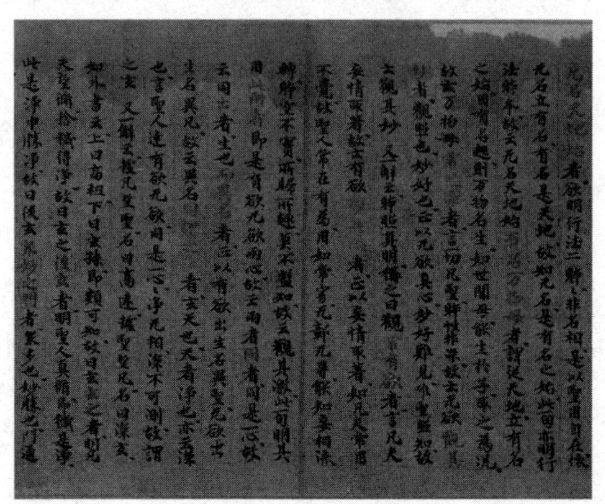

敦煌藏经

北魏灭了北凉，统一北方，占据河西。这一时期，敦煌比较安定，饱受战争之苦的百姓拜倒在“佛”的脚下，企望解脱苦难，过上幸福安定的生活，佛教随之盛行。现莫高窟存留有北魏开凿的洞窟13个。

隋朝虽只存在了短短的37年，但在最高统治者的提倡下，在莫高窟开窟竟有77个，且规模宏大，壁画和彩塑技艺精湛，同时并存着南北两种截然不同的艺术风格。

唐代的敦煌同全国一样，经济文化高度繁荣，佛教非常兴盛。莫高窟开窟数量多达1000余窟，保存到现在的有232窟，壁画和塑像都达到异常高超的艺术水平。

“安史之乱”以后，吐蕃统治了全部河西，长达60多年。吐蕃也信奉佛教，莫高窟中唐洞窟中保存了大量吐蕃时期的壁画艺术。藏经洞内也发现了大量的吐蕃文经卷。

唐朝灭亡后，敦煌又先后隶属于金山国、甘州回鹘、西夏王朝。在西夏统治敦煌的一百多年间，由于重视经济发展，使敦煌保持着汉代以来“民物富庶，与中原不殊”的水平。西夏统治者崇信佛教，不排斥汉文化，在文化艺术方面也有较大的发展。直到今天，莫高窟和榆林窟仍保存着大量丰富而独特的西夏佛教艺术。举世闻名的“敦煌遗书”即在西夏统治时期封藏于莫高窟第17窟内。

宋宁宗开禧二年（1206年），元太祖铁木真（成吉思汗）统一漠北各部族。1227年，蒙古大军灭西夏，升敦煌为沙州路，敦煌一度呈现出经济文化繁荣的景象，和西域的贸易更加频繁。著名旅行家意大利人马可·波罗就是在这一时期途经敦煌漫游到中原各地。元朝统治者也崇信佛教，莫高窟的开凿得以延续，现存元代洞窟约10个。自元朝以后，千里河西逐渐失去了昔日的光彩。

自元朝以后海路兴起，这里繁华褪尽，风光不再，尤其从明朝后期封闭嘉峪关以后，千里河西迅速成为边荒之地，敦煌石窟也随即被人遗忘。

2. 重现人间的藏经洞

在被人遗忘了500多年后，1900年，游方道士王圆箓追随玄奘的足迹，来到了西域。迄今已有千年历史的“千佛洞”使这位道教徒折服，于是他决心留下来筹款建立一座道观，一个惊世骇俗的考古大发现就发生在这样一个人身上。

民间对藏经洞的发现有种种传说。有的说莫高窟佛祖显灵，又呈现一座洞天福地；有的说王道士发了一笔意外之财……

据王圆箓自己说："至（光绪）二十六年五月二十六清晨（按：1900 年 6 月 26 日），忽有天炮响震，忽然山裂一缝，贫道同工人用锄挖之，欣出闪佛洞一所，内有石碑一个……内藏古经万卷。"果真如此吗？

光绪三十二年（1906 年）立于藏经洞窟门对面的《重修千佛洞三层楼功德碑记》则说："鄂省羽流（王）圆箓……旋睹迤北佛洞寂寥，多为流沙所掩没，因设愿披沙开洞。庚子（1900 年）孟夏，新开洞壁偏北，复掘得一洞，内藏释典充宇，铜佛盈座……"王道士墓碑中也说，王道士"以流水疏通三层洞沙，沙出，壁裂一孔，仿佛有光。破壁，则有小洞，豁然开朗，内藏唐经万卷，古物多名"。两碑所说，显然要比王道士的"天炮山裂说"可信。

事实上光绪二十六年（1900 年）农历五月二十六日，在王道士的带领下，几个雇工钻进了人称"吴和尚洞"的洞窟清理淤沙，忽然发现一面绘有壁画的墙是中空的，待打开一看，内有一石室，藏经无数，"神秘书库"始现于世，这就是后来被编为 17 号窟的"藏经洞"。也有资料说是王道士雇的抄经的书生杨河清最初发现。粗识文字的王圆箓并不知道这批藏品是学术之宝，那么后来这些无价之宝的命运又是怎样的呢？

3. 失落的敦煌遗书

在三米见方的室内堆满了写本经卷、文书、织绣、绘画和佛像绢幡、印花织物、拓本等稀世古物，约计五万件。但是不仅王道士丝毫不知这些古代文献的价值，当地的官员和有钱的绅士也都有眼无珠。无知的道士把它们当作廉价的礼物，以换取一些募捐。一些经书流传到民间两年后，被有识之士发现，并建议当局把藏经洞文献运到兰州保管，但腐败的当权者认为这些"废纸"无甚价值，遂以五六千两白银的运费难筹为由，下令就地封存。这又给了王道士私藏、私卖遗书的机会，敦煌遗书也在劫难逃。

敦煌遗书更大的劫难来自所谓的各国"探险家"，一支支考古队从中亚进入新疆，像饥饿的猎狗一样探寻着东方的宝物，垂涎三尺的文物间谍纷纷将魔爪伸向了莫高窟。

1905 年 10 月，沙俄人仅以六包俄国日用品为代价，就骗取敦煌遗书两大包。这仅仅是开始。

1907 年 3 月，为英国服务的匈牙利人斯坦因爵士带着中文秘书兼翻译从

英属印度经新疆来到莫高窟，他花言巧语地谎称自己是玄奘的崇拜者，他此行要寻找当年玄奘从印度带回的佛经，骗取了王道士的信任。花了37夜的功夫，优中择优，骗走六朝至宋代的经卷、写本共七大箱约万余卷，以及五大箱装有仔细包扎好的绘画绣制品等艺术古物约500幅，现保存于伦敦博物馆。

1908年7月，27岁的法国人伯希和一行到达敦煌。伯希和是个汉学家，而且精通汉、俄、藏、突厥以及中亚一带许多已经消亡了的语言文字13种。伯希和的到来使敦煌书遭受更大的损失。王道士被伯希和的语言天赋所倾倒，同时，他也需要银子来建他的道观，于是让伯希和进藏经洞用了三个星期的时间浏览了全部卷轴。在所有的盗宝者中，要数斯坦因盗窃的数量最多，而以伯希和盗窃的价值最高。他精心挑选并盗走的有许多孤本，且有19%的遗书标有年月，和非佛经的世俗文书及非汉文的其他语种文书相比，这些孤本是敦煌遗书最精华的部分，研究价值极高。伯希和装了满满几十只木箱，辗转河内，最终运抵巴黎，代价仅为500两白银。

然后是俄国人，再后来是日本人……从1905年至1924年，不到20年的时间内，先后有俄、英、法、日、美等国的“考察家”来到敦煌，盗走了三四万卷经书及许多珍贵的壁画、雕塑，给莫高窟带来了近乎毁灭性的灾难。那些植根于中国土地上的灿烂文化，却在大英博物馆、法国国立图书馆、俄国亚洲民族研究所……闪烁着不朽的光芒，给中华民族留下了永远的痛。

屡遭盗抢的藏经洞

伯希和1909年重返北京，才将数件写本及照片展示给中国人，引起了中国文化界的震惊，经罗振玉等学者的奔走呼吁，清政府北京学部拨付库银6000两，下令敦煌县令陈藩交出剩余的遗书，但这笔钱绝大部分被敦煌官府挪用，王道士心怀不满又私藏了一些品质较好的卷子用于私卖。第二年，由新疆巡抚负责上交时，车队一

路东行，文献一路流散，大小官吏层层劫夺，为了充数，一些卷子被一拆为二、一拆为三，最后只有劫后残存的8697卷送到北京，收存在京师图书馆中（今北京图书馆）。

敦煌莫高窟的文物被劫掠后，莫高窟也瞬间被世人熟知。国内外学者从各种专门学科的角度，对以敦煌为研究对象的学术领域进行深入的研究，最终形成了独特的“敦煌学”。

4. 破解藏经洞之谜

各国专家面对着这批时代不一，或整或残、佛道儒法、经史百家、律令俗书、幡绢绘画、铜佛法器兼而有之的藏品，百思不解，这些藏品何人聚集？何故封存？何时封闭？

有专家说，藏经洞数万卷文献资料是沙州（敦煌）地方政府的档案库。因为在这些文献资料中，有不少是沙州地方政府辖区内关于户籍、授田、水利、差科、赋税、仓库物资等档案和重要公文、军事情报等，有的公文上还盖有“敦煌郡之印”“敦煌县之印”。但这一说法很难自圆其说，因为里面藏的多数是佛经。

也有专家认为，这些文献资料是当地寺庙所藏。因为有的佛经卷子本身就印着“三界寺藏经”“净士寺藏经”。但寺庙中为何有许多地方政府档案？

于是有专家认为，数万卷文献资料应分属于地方政府和当地寺庙。出于某种紧急情况，地方政府组织人员将寺庙佛经和政府档案统一做了密藏。但是，有学者指出，在敦煌藏经洞封闭之前，当地政府已从内地求到一部金银字大藏经，如有紧急情况，这部大藏经是应首先珍藏的，但在密藏资料中却没有，反而有不少是佛经残卷。

弄清藏经洞封闭的时间是进行敦煌藏经洞之谜破解研究的关键。只有弄明白了这个问题，其他问题才能够有解决的可能。如果要弄清藏经洞封闭的时间，需要解决两大难题：一是藏经洞最晚的藏品有哪些，它们是在什么时候？二是17号洞窟甬道北壁墙面上的供养菩萨画像是什么年月绘制的？这两个问题分别关系着藏经洞封闭时间的上限和下限。

敦煌莫高窟有735个洞窟，其中近500窟绘着巨幅壁面，总面积达4.5万多平方米，绘画时间长逾千年，被誉为世界最大的画廊。根据专家们对壁画题记和敦煌文献的研究，有关壁画作者的题记和时代记载寥寥无几，很难在

这方面找到线索。无法确定藏经洞墙面上的菩萨画像时间的另一个原因是，这幅壁画已被破坏。这样，我们只能去寻找纪年最晚的卷子。

在敦煌藏经洞中，最早的卷子纪年是魏高贵乡公甘露元年（256 年），最晚的卷子纪年是宋咸平五年（1002 年）。因此，藏经洞的封闭一定是在 1002 年以后，对此专家们却得出了几个不同的答案，至今尚有争论。

总之，迄今为止，只是敦煌学系统工程的一个小小组成部分的藏经洞之谜依然未能破解，或许它还会继续更长的时间。

 5. 敦煌遗书的价值

经整理，藏经洞珍藏文物的时间跨度约为 359 年 至 1002 年，上起三国，下迄赵宋，跨越了十六国、北魏、隋、唐、五代、北宋等近十个朝代，内容包括记载了各种宗教、历史、文学、艺术、地志、民俗等方面的重要文物资料五六万件，提供了其他史籍等所未载的珍贵资料，是莫高窟历史的浓缩，是一把打开历史密室的钥匙，堪称大百科全书，在中西方之间架起了一座学术研究方面沟通互补的新通道。

敦煌莫高窟

这些珍贵的文物，文字种类除大量的汉文外，还有为数可观的吐蕃文、回鹘文、突厥文、于阗文、叙利亚文和少量的怯卢文、梵文、粟特文、希伯来文、西夏文、蒙古文等十几种文字。尤其难得的是有大量失传的古佚文书，这大大丰富了我国文献宝库。敦煌学的材料不仅限于中国和汉民族，还涉及我国境内不少古代少数民族，如匈奴、乌孙、羌族、楼兰、龟兹、于阗、粟特、突厥、吐蕃、回鹘、龙家、且末、沙陀、黠戛斯、黑车子、哈拉汗、西夏、蒙古以及印度、巴基斯坦、阿富汗、吉尔吉斯、哈萨克斯坦、波斯、朝鲜、日本等国，具有极大的国际意义。

季羡林先生精辟地说："世界上历史悠久、地域广阔、自成体系、影响深远的文化体系只有四个：中国、印度、希腊、伊斯兰，而这四个文化体系汇流的地方只有一个，这就是中国的敦煌和新疆地区。"敦煌文化中显示出来的多元文化的交流、融合、相互促进，正好代表了这种先进的历史潮流，这或许是它能掀起世界范围关注的原因所在。

图片授权

全景网

壹图网

中华图片库

林静文化摄影部

敬　启

本书图片的编选，参阅了一些网站和公共图库。由于联系上的困难，我们与部分入选图片的作者未能取得联系，谨致深深的歉意。敬请图片原作者见到本书后，及时与我们联系，以便我们按国家有关规定支付稿酬并赠送样书。

联系邮箱：932389463@ qq. com

参考书目

1. 曹典，周金金，郎需颖编著．中华地理故事——中华经典故事．北京：中华书局．2012

2. 唐晓峰著．从混沌到秩序——中国上古地理思想史述论．北京：中华书局．2010

3. 宋杰著．中国古代战争的地理枢纽．北京：中国社会科学出版社．2009

4. 闻君，倪亮主编．中国地理 1000 问．北京：中国地图出版社．2009

5. 赵荣著．中国古代地理学．北京：商务印书馆．2007

6. 陈美东著．中国古代天文学思想．北京：中国科学技术出版社．2007

7. 林頫编著．中国历史地理学研究．福州：福建人民出版社．2006

8. 钱穆著．古史地理论丛．北京：三联书店．2005

9. 王成组著．中国地理学史——中国文库．北京：商务印书馆．2005

10. 乙力编．中国古代地理之谜——中国传统文化经典文库．兰州：兰州大学出版社．2004

11. 胡阿祥，彭安玉主编．中国地理大发现．济南：山东画报出版社．2004

中国传统民俗文化丛书

一、古代人物系列（9 本）
1. 中国古代乞丐
2. 中国古代道士
3. 中国古代名帝
4. 中国古代名将
5. 中国古代名相
6. 中国古代文人
7. 中国古代高僧
8. 中国古代太监
9. 中国古代侠士

二、古代民俗系列（8 本）
1. 中国古代民俗
2. 中国古代玩具
3. 中国古代服饰
4. 中国古代丧葬
5. 中国古代节日
6. 中国古代面具
7. 中国古代祭祀
8. 中国古代剪纸

三、古代收藏系列（16 本）
1. 中国古代金银器
2. 中国古代漆器
3. 中国古代藏书
4. 中国古代石雕
5. 中国古代雕刻
6. 中国古代书法
7. 中国古代木雕
8. 中国古代玉器
9. 中国古代青铜器
10. 中国古代瓷器
11. 中国古代钱币
12. 中国古代酒具
13. 中国古代家具
14. 中国古代陶器
15. 中国古代年画
16. 中国古代砖雕

四、古代建筑系列（12 本）
1. 中国古代建筑
2. 中国古代城墙
3. 中国古代陵墓
4. 中国古代砖瓦
5. 中国古代桥梁
6. 中国古塔
7. 中国古镇
8. 中国古代楼阁
9. 中国古都
10. 中国古代长城
11. 中国古代宫殿
12. 中国古代寺庙

五、古代科学技术系列（14 本）

1. 中国古代科技
2. 中国古代农业
3. 中国古代水利
4. 中国古代医学
5. 中国古代版画
6. 中国古代养殖
7. 中国古代船舶
8. 中国古代兵器
9. 中国古代纺织与印染
10. 中国古代农具
11. 中国古代园艺
12. 中国古代天文历法
13. 中国古代印刷
14. 中国古代地理

六、古代政治经济制度系列（13 本）

1. 中国古代经济
2. 中国古代科举
3. 中国古代邮驿
4. 中国古代赋税
5. 中国古代关隘
6. 中国古代交通
7. 中国古代商号
8. 中国古代官制
9. 中国古代航海
10. 中国古代贸易
11. 中国古代军队
12. 中国古代法律
13. 中国古代战争

七、古代文化系列（17 本）

1. 中国古代婚姻
2. 中国古代武术
3. 中国古代城市
4. 中国古代教育
5. 中国古代家训
6. 中国古代书院
7. 中国古代典籍
8. 中国古代石窟
9. 中国古代战场
10. 中国古代礼仪
11. 中国古村落
12. 中国古代体育
13. 中国古代姓氏
14. 中国古代文房四宝
15. 中国古代饮食
16. 中国古代娱乐
17. 中国古代兵书

八、古代艺术系列（11 本）

1. 中国古代艺术
2. 中国古代戏曲
3. 中国古代绘画
4. 中国古代音乐
5. 中国古代文学
6. 中国古代乐器
7. 中国古代刺绣
8. 中国古代碑刻
9. 中国古代舞蹈
10. 中国古代篆刻
11. 中国古代杂技